HSK 6級 作文問題 最短制覇

鄭 麗傑、劉 悦 著

三修社

まえがき

2003年に高級HSKに的を絞った教育の道に入って以来、外国人が中国語作文を学ぶための実用性の高い教材の必要性を痛感してきました。中国語のレベルには限界があっても、相対的に人生経験が豊富で思考能力に優れた外国人学習者に対して、どんな方針で指導すればよいのか、教師は確信が持てないまま教壇に立たざるを得ません。私自身、教育現場で多くの資料を参考にしますが、時間と労力を費やすわりに効果は上がりません。まわりの優秀な先生方も、文法・会話・読解の授業は喜んで受け持つものの、作文の授業だけは苦手のようです。その原因は2つあります。まず教師が教室での指導法を組み立てにくいこと、次に、学習者の進歩も分かりにくいことです。

後に私は、『21天征服HSK（高等）口試』の考え方に沿って、学習者が勉強の過程でぶつかる問題を整理・分析しました。その結果、作文でよく現れる問題には一定の傾向があることが分かったのです。例えば、口語が混ざり、書面語の運用能力が低いこと。表現が乏しく、中国語の特殊構文（“把”構文、受け身文など）を柔軟に活用できないこと。叙述方法を組み立てられず、文章全体の構造にまとまりがないこと、などです。こういった問題について模索を続け、ここ数年の間に比較的有効な方法を見出しました。それは単語→フレーズ→文（単文・複文）→文章の順に学ぶことです。

教室では、このようなトレーニングの段階によって学習者を一歩一歩導き、ついに最初の成果が現れました。一緒に学んだ学習者たちはHSK高級試験の作文の成績が目立って優れており、多くが100点満点の作文で85点以上の高得点に達しました。記憶に新しいのは2007年、2名の学習者が清華大学を受験したときのことです。それまで彼女たちが最も苦手としていたのは作文でしたが、一緒に3か月学んだ後、80点満点の作文でなんと76点と78点という好成績を収めたのです。ふたりは嬉しそうに電話してきて私に報告してくれました。私も興奮が冷めやらず、彼女たちが私の指導方法を実証してくれたことに感謝しました。これは私にとって、より自信を深めた出来事でもありました。

そこで、『21天征服HSK六級写作』の執筆に着手したのですが、ちょうどこの本が形になりかけた頃にHSKが改定されました。初めてこのニュースを聞いたときはやや心配しましたが、2015年版『漢語水平考試（HSK）大綱』（以下、『2015年版大綱』）を見て、胸が高鳴りました。HSKには3級から作文試験が加わり、6級では文章の要約が求められることになったのです。試験形式はまさに私が取り入れていた「文→短い文章→文章」という段階式トレーニング方法と合ったものでした。実は、外国の学習者が作文を学ぶ際の問題点には多くの専門家がすでに気づいており、それはHSKの「試験が教育を促し、教育が学習を促す」という目的にも合致していました。

こうした中で、長年にわたり共に教育現場に立っている劉悦先生にお願いし、『2015年版大綱』に記載されている単語レベルの基準と問題形式に基づいて『21天征服HSK六級写作』に調整を行って、外語教学与研究出版社の支援と編集者の協力のもとで本書を完成しました。2010年の初版が世に出てから現在に至るまで、この本を私自身が使って学習者とともに学び、同時に新人教師の研修にも活用しています。教育現場での実践の中でつねに改良を加え、今回の改訂では中国の伝統文化にかかわる故事を加え、さらにはハイレベルな中国語学習者の読解力や書き言葉の表現能力を高めることにも注力しました。このようにして、より『2015年版大綱』に適応したテキストになっています。

本書が、HSKを受験するみなさんが作文問題の試験形式をよく知り、試験勉強の効果を上げ、より高得点を獲得する一助となることを願っています。また、私と同じように外国人向けの中国語教育に情熱をかたむける先生方の参考としていただき、指導方法を模索する際に少しでも近道となって、資料を読んだり言語材料を集めたりするために多大な時間を費やさなくてすむようになれば本望です。この本が学習者や中国語教師の交流を促し、中国語学習と教育へのよりよい取り組みに繋がれば、これに勝る喜びはありません。

本書の各章は、教室での導入・解説から授業後の実戦トレーニングまで、学校での全体的な学習の流れを考慮して構成しています。教師が合理的に学習をデザインし、効率的にトレーニングを行うだけでなく、独習中の学習者が無駄なく時間配分し、スムーズに学習を進めるのに役立つことでしょう。学習者のみなさんには、先生と一緒に学ぶにせよ独習するにせよ、「本書の使い方」をよく読んで、本書を使いこなすコツを知っておくことをお勧めします。みなさんが本書を最大限に利用して効率的に中国語のレベルをアップし、試験本番で理想の成績を収めることを信じています。

鄭麗傑

2018年3月21日

＊本書は『21天征服HSK6级写作』（外语教学与研究出版社）の日本語版です。

目　　次

本書の使い方

本書は3週間で学習を終えるよう構成されています。

第1週：中国語作文の基礎トレーニング

この週では、主に1つの文から着手して正確な文の表現方法を身につけ、単語から文を構成し、文から短い文章へと拡張する考え方をマスターします。つまり、主要な単語で1つの出来事を叙述する力を養います。ここではHSK 4級・5級の作文部分の試験問題によって、単語を並べて文を組み立てる、図を見て文を書く、図を見て短い文章を書くという実戦トレーニングを行います。このトレーニングを取り入れたのは、外国の学習者が作文を学ぶ際の一般的な問題点に対して、こういった方法が適しているためです。ですからHSK6級を受けようとするみなさんは、くれぐれもこの部分の練習を時間とエネルギーの無駄だと思わないでください。この本に沿って一歩一歩進んでこそ、しっかりとした基礎が身につきます。もちろん中国語レベルの高い学習者はスピードを上げて、時間を短縮してもかまいません。与えられた単語でどのように滑らかに文を完成させるか？ 特殊構文を使って中国語らしい文を書くには？ 図の内容をどう描写するか？ これらが第1週の大事なポイントです。

第2週：要約の基礎トレーニング

この週では、HSKの6級作文の書き方をおおよそ頭に入れます。HSK6級の作文は、実際には読解と、同じ内容を自分の言葉で表現することを含んでいます。まず、10分間で1つの文章を読み、かつ大筋を記憶します。次に35分間で400字前後の字数で文章の内容を叙述します。ここまでのプロセスでは、「理解」と「記憶」が重要になります。教室では先生の指示に従ってトレーニングを行い、読んだ文章を頭の中で1枚の絵のように思い浮かべ、「記憶の効率」を上げましょう。これが第2週の学習のポイントです。

第3週：要約技術の強化トレーニング

この週では、1つの出来事をいかにバランスよく、簡潔に要点をまとめて叙述するかを学びます。文章のテーマをしっかり捉えて叙述する方法を身につけ、文章をどのように削ればテーマを損なわずに済むか、またどうすれば読み手に自分の読解力や文章力を一目でアピールできるかを見ていきます。これが第３週の学習のポイントです。

１日の教室での学習は１コマ（50分間）、授業後の復習と練習にはおよそ30分を想定しています。どの日も相対的に独立した実戦トレーニングとなっており、21日の学習とトレーニングを行えば、学習者はHSK受験までに15回の模擬試験を受けたことになります。こうなれば、試験の本番はもう見慣れないものではなくなるでしょう。このほか、十分な語彙を理解していることは学習者が文章を理解し、きちんと叙述を行うための前提となるため、１日ごとにHSK ６級で求められる単語を整理しました。語彙量を増やすことも自習に当たってのポイントです。

１日の学習内容には「ポイントのまとめ」、「実戦問題」、「解答のコツ」、「参考例文」、「新出単語」が含まれています。「ポイントのまとめ」は主に作文の基礎知識を紹介するもので、学習者が作文の方法を身につける手助けとなるものです。「実戦問題」ではHSKの試験問題の特徴を知ることができます。「解答のコツ」は学習者に考え方のヒントを示すとともに、授業を行う先生が教室で指示を行う場合にも役立ちます。「参考例文」と「新出単語」は語彙量を増やし、理解力と作文のレベルを引き上げます。

毎週の終わりには、「知っておこう」と「模範文鑑賞」があります。初めて作文を学ぶ人は、この２つの部分は読むだけでよく、あまり大げさに考える必要はありません。一方、ある程度作文の基礎ができている人は、この部分を学ぶことで作文力を上げる近道となります。そのほか週末に設けた模擬問題は、折に触れて取り組むことで作文の関連知識がどれだけ理解できているかが分かり、自分の実力が直ちにチェックできます。

本書の解説部分は、すべて先生が教室で使うような生き生きとした話し言葉にするよう心がけました。また本書は計画性に優れ、学習者の自習でも、教室での先生の指導でも、学習時間とペースが調整しやすくなっています。

みなさんがこの本を使うことで、最短時間で作文レベルとHSKの成績をぐんとアップできることを心から願っています。

HSK（6級）概要

「HSK」（6級）は受験者の中国語運用能力を測定するものであり、「国際中国語能力標準」（国际汉语能力标准）5級、「ヨーロッパ言語共通参照枠」（CEFR）C2レベルに相当するものです。HSK6級に合格した受験者は、聞いたり読んだりした中国語情報をストレスなく理解し、口語や文章語によって自分の意見を中国語で滑らかに表現することができます。

一、試験対象

「HSK」（6級）は、主に5000およびそれ以上の常用語彙を理解する受験者を対象としています。

二、試験構成

「HSK」（6級）は合計101問で、リスニング（听力）・読解（阅读）・作文（书写）の3部分からなります。

<table>
<tr><th colspan="2">試験内容</th><th colspan="2">問題数（問）</th><th>試験時間（分）</th></tr>
<tr><td rowspan="3">一、リスニング</td><td>第一部分</td><td>15</td><td rowspan="3">50</td><td rowspan="3">約35</td></tr>
<tr><td>第二部分</td><td>15</td></tr>
<tr><td>第三部分</td><td>20</td></tr>
<tr><td colspan="4">答案カードの記入（リスニング部分の解答を答案カードにマークする）</td><td>5</td></tr>
<tr><td rowspan="4">二、読解</td><td>第一部分</td><td>10</td><td rowspan="4">50</td><td rowspan="4">50</td></tr>
<tr><td>第二部分</td><td>10</td></tr>
<tr><td>第三部分</td><td>10</td></tr>
<tr><td>第四部分</td><td>20</td></tr>
<tr><td>三、作文</td><td>作文</td><td colspan="2">1</td><td>45</td></tr>
<tr><td>合計</td><td>／</td><td colspan="2">101</td><td>約135</td></tr>
</table>

全体の試験時間は140分です（受験者が個人情報を記入する時間5分を含みます）。

1. リスニング

第一部分は合計 15 問で、各問題の聞き取り回数は 1 回です。各問題では 1 つの短い文章が放送され、問題用紙に 4 つの選択肢があります。受験者は聞き取った内容に基づいて、一致する解答を選びます。

第二部分は合計 15 問で、各問題の聞き取り回数は 1 回です。3 つのインタビューが放送され、各インタビューの後に 5 つの質問があります。問題用紙には質問ごとに 4 つの選択肢があります。受験者は聞き取った内容に基づいて解答を選びます。

第三部分は合計 20 問で、各問題の聞き取り回数は 1 回です。一定の長さの文章が放送され、各文章の後にいくつかの質問があります。問題用紙には質問ごとに 4 つの選択肢があります。受験者は聞き取った内容に基づいて解答を選びます。

2. 読解

第一部分は合計 10 問です。各問題に 4 つの文があり、受験者は誤りのある文を 1 つ選択します。

第二部分は合計 10 問です。各問題に 1 つの短い文章があり、その中に 3 つから 5 つの空欄があります。受験者は文脈を考えながら、4 つの選択肢から最もふさわしい解答を選びます。

第三部分は合計 10 問です。2 つの文章があり、各文章に 5 つの空欄があります。受験者は文脈を考えながら、与えられた 5 つの文の選択肢から解答を選びます。

3. 作文

受験者はまず 1 篇の 1000 字前後の叙事的な文章を読みます。時間は 10 分とし、読むときに書き写したりメモを取ったりしてはいけません。試験監督が問題文を回収した後、文章を 400 字前後の短い文章に要約し、時間は 35 分とします。自分でタイトルを付けます。文章の内容を再現するのみで、自分の意見を加えてはいけません。

三、成績報告

「HSK」(6 級) の成績報告は、リスニング・読解・作文・合計の 4 つの点数からなり、合計 180 点で合格となります。

	満点	受験者の点数
リスニング	100	
読解	100	
作文	100	
合計	300	

HSK の成績は長期にわたって有効です。外国人留学生が中国の教育機関に入学して学習する際の中国語能力の証明として、HSK の成績の有効期間は 2 年です（受験日から起算する）。

（汉语考试服务网 www.chinesetest.cn による）

第1週

中国語作文の基礎トレーニング

優れた作文の最も基本的な条件とは、正確に表現することです。もし、文章の中に誤った文が多かったり、表現が不自然だったりすれば、書く人がどんなに素晴らしい内容を考えていても、読む人に分かってもらうことはできません。そのため、今週の基礎トレーニングはとても大切です。

今週は、主に文を手始めに作文を学びます。どのように中国語の作文ルールに沿った正しい文を書くか、どのようにより明確に書きたいことを伝え、より美しく表現するかを考えていきます。この本に沿って、計画的に一課ずつ練習しましょう。くれぐれも慌てず、「継続は力なり」を忘れないで！

月曜日

文の構造

文は文章を構成する基本単位であり、それぞれの文を正確に書いてこそ、中国語の作文ルールに合った文章を書くことができます。今日は、中国語の文の基本構造に関わる文法知識をおさらいしましょう。ここではHSK 4～5級の作文部分の練習問題を選んで解説します。これは6級作文の基礎ですから、土台をしっかり固めなければ、"更上一层楼"を目指すことはできませんよ！

■要点のまとめ
中国語の文の基本構造

中国語の文の基本構造は、こうなっています。

主語＋述語＋目的語

例：同学喜欢老师。

中国語の文には、基本構造のほかに連体修飾語・連用修飾語・補語のような修飾成分があります。

❶ 連体修飾語は、主語や目的語を修飾します。

（連体修飾語）主語＋述語＋（連体修飾語）目的語

例：我们班同学喜欢漂亮的王老师。

❷ 連用修飾語は、述語を修飾します。

（連体修飾語）主語＋［連用修飾語］述語＋（連体修飾語）目的語

例：我们班同学从第一天上课开始就喜欢漂亮的王老师。

または、［連用修飾語］，（連体修飾語）主語＋述語＋（連体修飾語）目的語

例：从第一天上课开始，我们班同学就喜欢漂亮的王老师。

❸ 補語は、述語を補足説明します。

（連体修飾語）主語＋［連用修飾語］述語〈補語〉＋（連体修飾語）目的語

例：从第一天上课开始，我们班同学就喜欢上了漂亮的王老师。

補語は、目的語の後に来ることもあります。

（連体修飾語）主語＋［連用修飾語］述語＋（連体修飾語）目的語〈補語〉

例：我们班同学喜欢漂亮的王老师好久了。

このような構造から分かるように、中国語の語順は比較的固定的ですが、補語の位置だけはあまり定まっておらず、述語の後に来たり、目的語の後に来たりします。これはみなさんの多くが間違いやすいポイントです。

実戦問題

1 完成句子。

1. 更　北京　气候　的　干燥

2. 商店　那家　面临　危险　破产　的

3. 贷款　银行　向　小李　了　今天

4. 说明书　他　正在　看　电视　的

5. 区别　你　发现　这两本杂志　的　了　吗

6. 他　作业　的　不　符合　要求　太

7. 丰富　营养　菜　十分　这　道　的

8. 大哭　孩子　起来　一下子

9. 怎样　无论　他　回来　都　会

10. 中文　地道　妈妈　的　说得　很

参考解答と訳：

1 文を完成しましょう。

1. 北京的气候更干燥。(北京の気候はもっと乾燥している)
2. 那家商店面临破产的危险。(あの店は破産の危機に直面している)
3. 今天小李向银行贷款了。/ 小李今天向银行贷款了。(今日李さんは銀行に借金をした。／李さんは今日銀行に借金をした)
4. 他正在看电视的说明书。(彼はテレビの説明書を読んでいるところだ)
5. 你发现这两本杂志的区别了吗? / 这两本杂志的区别你发现了吗? (あなたはこの2冊の雑誌の違いが分かりましたか？／この2冊の雑誌の違いがあなたは分かりましたか？)
6. 他的作业不太符合要求。(彼の宿題はあまり課題に合っていない)
7. 这道菜的营养十分丰富。(この料理の栄養は十分に豊富だ)
8. 孩子一下子大哭起来。(子供はたちまち大声で泣き出した)
9. 无论怎样他都会回来。/ 他无论怎样都会回来。(どのみち彼は帰ってくるだろう。／彼はどのみち帰ってくるだろう)
10. 妈妈的中文说得很地道。(母さんの中国語は生粋のものだ)

2 看图，用词造句。

1. 茶

2. 严肃

3. 项链

4. 卫生间

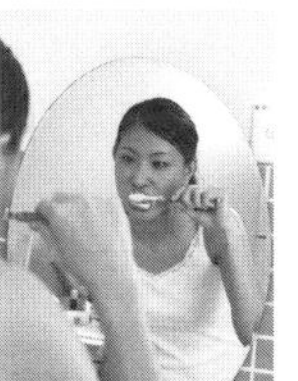

参考解答と訳：

2 図を見て、与えられた単語を使って文を作りましょう。解答例はそれぞれ正しい文です。どれがより完全で、中国語らしく、美しいか比べてみましょう。

1. 她在喝茶。/ 她正在喝一杯绿茶。/ 她正在喝一杯刚泡好的、充满香气的绿茶。（彼女は茶を飲んでいるところだ。／彼女は 1 杯の緑茶を飲んでいるところだ。／彼女は入れたばかりの、香りに満ちた 1 杯の緑茶を飲んでいるところだ）
2. 他的表情很严肃。/ 他坐在沙发上，表情严肃地思考着。/ 他坐在沙发上，表情严肃地思考着什么，看起来很紧张。（彼の表情は厳粛だ。／彼はソファーに座り、厳粛な表情で考えごとをしている。／彼はソファーに座り、厳粛な表情で何か考えごとをしており、緊張しているようだ）
3. 这只小狗戴着一串项链。/ 这只小狗的脖子上戴了一串珍珠项链。/ 主人给小狗戴上了一串漂亮的珍珠项链。（この子犬はひとつながりのネックレスをかけている。／この子犬の首にはひとつながりの真珠のネックレスがかかっている。／飼い主は子犬にひとつながりの美しい真珠のネックレスをかけた）
4. 她在卫生间里刷牙。/ 早上，她在卫生间里刷牙。/ 早上一起床，她就开始在卫生间里刷牙洗脸准备上班了。（彼女は洗面所で歯を磨く。／朝、彼女は洗面所で歯を磨く。／朝起きると、彼女はすぐに洗面所で歯磨きと洗顔をして出勤の準備を始めた）

5. 欣赏

6. 温暖

7. 驾驶

8. 合影

5. 他们在欣赏风景。/ 他们手拉着手，一起欣赏美丽的风景。/ 他们终于来到了法国，站在埃菲尔铁塔前欣赏美丽的景色。（彼らは風景を楽しんでいる。／彼らは手をつなぎ、一緒に美しい風景を楽しんでいる。／彼らはついにフランスへやってきて、エッフェル塔の前に立って美しい風景を楽しんでいる）

6. 盖上被子后，她感觉很温暖。/ 这厚厚的被子和热茶，让她感觉很温暖。/ 她喝着热茶，盖着厚厚的被子，终于有了温暖的感觉。（掛け布団をかけると、彼女は暖かく感じた。／この厚い掛け布団とホットティーで、彼女は暖かく感じた。／彼女はホットティーを飲み、厚い掛け布団をかけて、ようやく暖かく感じた）

7. 他正在驾驶着一辆汽车。/ 他一边驾驶着汽车，一边还打着电话。/ 他一边驾驶着汽车，一边还打着电话，这样做非常危险。（彼は 1 台の車を運転しているところだ。／彼は車を運転しながら、電話もかけている。／彼は車を運転しながら、電話もかけており、こうするととても危険だ）

8. 这是一张合影。/ 他们在一起拍了一张毕业合影。/ 这张毕业合影中，每个人都笑得十分开心。（これは 1 枚の集合写真だ。／彼らは一緒に 1 枚の卒業集合写真を撮った。／この卒業集合写真では、誰もがみなとても楽しそうに笑っている）

9. 菜

10. 上网

9. 她在买菜。/ 她正在菜市场买菜。/ 为了准备今天的晚饭，她正在菜市场挑选新鲜的菜。(彼女は野菜を買っている。／彼女は野菜市場で野菜を買っているところだ。／今夜の夕食の準備をするため、彼女は野菜市場で新鮮な野菜を選んでいるところだ)

10. 她在上网。/ 她在用笔记本电脑上网。/ 她一边喝咖啡，一边用笔记本电脑上网看今天的新闻。(彼女はインターネットをしている。／彼女はノートパソコンでインターネットをしている。／彼女はコーヒーを飲みながら、ノートパソコンでインターネットをして今日のニュースを見ている)

新出単語

面临	miànlín	（動）	直面する
破产	pòchǎn	（動）	破産
贷款	dàikuǎn	（動）	金を貸し付ける
营养	yíngyǎng	（名）	栄養、養分
地道	dìdao	（形）	生粋の、真実の、本物の
充满	chōngmǎn	（動）	満たす、満ちる
表情	biǎoqíng	（名）	表情
严肃	yánsù	（形）	厳粛である、厳かである
思考	sīkǎo	（動）	思考する
串	chuàn	（量）	つながっているものを数える
项链	xiàngliàn	（名）	ネックレス
脖子	bózi	（名）	首
珍珠	zhēnzhū	（名）	真珠
卫生间	wèishēngjiān	（名）	浴室・トイレの総称
欣赏	xīnshǎng	（動）	鑑賞する、楽しむ、賞美する
景色	jǐngsè	（名）	景色、風景
被子	bèizi	（名）	掛け布団
温暖	wēnnuǎn	（形）	温暖である、温かい
驾驶	jiàshǐ	（動）	操縦する、運転する
合影	héyǐng	（名）	二人（またはそれ以上）の人がいっしょに写っている写真
拍	pāi	（動）	撮影する

復習と練習

改病句。

1. 奶奶身体不好，可是什么事都自己做，从来不想添麻烦给我们。
2. 考试前听听音乐可以紧张的情绪缓解。
3. 这家饭店的烤鸭做很地道。
4. 比赛这次很成功。
5. 人民的生命财产火灾的威胁面临。
6. 每个人自己的优点和缺点都有。
7. 他听音乐喜欢流行。
8. 他能中文报纸看懂。
9. 学校给学生到中国留学的机会提供了。
10. 这个方法很有效对纠正发音。

参考解答と訳：

間違った文を直しましょう。

1. 奶奶身体不好，可是什么事都自己做，从来不想给我们添麻烦。（祖母は体が不自由だが、なんでも自分でやり、今まで私たちに面倒をかけようとしたことがない）
2. 考试前听听音乐可以缓解紧张的情绪。（試験前に音楽を聴くと緊張した気分をほぐすことができる）
3. 这家饭店的烤鸭做得很地道。（このレストランの北京ダックは本場の作り方をする）
4. 这次比赛很成功。（今回の試合はうまくいった）
5. 人民的生命财产面临火灾的威胁。（人々の生命と財産が火災の脅威に直面している）
6. 每个人都有自己的优点和缺点。（どの人にもみな自分の長所と短所がある）
7. 他喜欢听流行音乐。（彼はポップミュージックを聴くのが好きだ）
8. 他能看懂中文报纸。（彼は中国語の新聞を読んで理解できる）
9. 学校给学生提供了到中国留学的机会。（学校は学生に中国留学のチャンスを与えた）
10. 这个方法对纠正发音很有效。（この方法は発音矯正に効果がある）

火曜日

中国語で常用される構文

基本構文のほかに、中国語の表現では一部の特殊構文を使って効果を強めることもあります。例えば“他打碎了教室的玻璃，老师批评了他。”（彼は教室のガラスを割り、先生が彼を叱った）は、“他把教室的玻璃打碎了，被老师批评了一顿。”（彼は教室のガラスを割ってしまい、先生に叱られた）とすれば、表現効果から言えば後者のほうがより優れた文のはずです。なぜなら“把”と“被”には強調のはたらきがあり、“把”は“玻璃碎了”（ガラスが割れた）という結果を強調し、“被”は“他”が受けた“老师批评”（先生が叱った）という処置を強調するからです。もちろん、このような効果はみなさんには感じ取れないかもしれませんが、中国人には明らかに分かります。ですから、どんな場合に“把”や“被”を使い、どんな場合に使うべきでないのか、勉強の中で感覚を身につけていきましょう。

■要点のまとめ

“把”構文 / 受け身文

(一) “把”構文

❶ 基本構造：主語＋把＋目的語＋述語動詞＋その他

例：你把房间打扫干净。

❷ よく見られる誤り：

（1）動詞の後には必ずその他の成分を加える必要があり、単独で動詞を用いることはできません。その他の部分には、結果補語・方向補語・動量／時量補語・情態補語を置くことができ、“了”“着”や、動詞の重ねをともなうこともできます。ただし、程度補語・可能補語は“把”構文の中では使えません。

例：你把桌子上的书整理。（×）→　你把桌子上的书整理一下。（○）

他把那句话说得不清楚。（×）→　他那句话说得不清楚。（○）

我把这么多作业做不完。　（×）→　我做不完这么多作业。（○）

(2) 述語動詞が2つの目的語にかかるとき、"把"構文を使う必要があります。つまり、目的語2が目的語1の動作結果である場合と、目的語2が目的語1の一部であるか、目的語1に属する場合です。

よく見られる構造：主語＋把＋目的語1＋述語動詞＋結果（在、到、给、成、为、作）＋目的語2

例：你翻译这句话成英语。（×）→　你把这句话翻译成英语。（○）
我当作他最好的朋友。（×）→　我把他当作最好的朋友。（○）
他不小心撕书掉了一页。（×）→　他不小心把书撕掉了一页。（○）

(3) "把"構文の中の動詞は、動作を表す動詞である必要があり、"生、有、出现、产生"など存在・出現を表す動詞を使うことはできません。また、"是、属于、喜欢、知道"など関係・心理を表す動詞を使うこともできません。

例：她把一个孩子生了。（×）→　她生了一个孩子。（○）
我把一个好主意有了。（×）→　我有了一个好主意。（○）
我把这句话的错误知道了。（×）→　我知道了这句话的错误。（○）

(4) 能願動詞・否定詞は常に"把"の前に置きます。

例：你把今天的作业可以做完。（×）→　你可以把今天的作业做完。（○）
他把作业没做完。（×）→　他没把作业做完。（○）
他把东西没带走。（×）→　他没把东西带走。（○）

（二）受け身文

❶ 基本構造：主語＋被＋（目的語）＋述語動詞＋その他

例：杯子里的水被（人）喝光了。

❷ よく見られる誤り：

(1) "把"構文と同様に、受け身文の後でも必ずその他の成分によって結果を説明する必要があります。そうでなければ、"……被／为……所……"の構造を用います。この場合、2音節の動詞の前では"所"を省略できますが、単音節の動詞の前では一般的に省略できません。

例：那个漂亮的杯子被摔。（×）→　那个漂亮的杯子被摔碎了。（○）
人们被她的歌声所吸引住了。（×）→　人们被她的歌声吸引住了。（○）
→　人们被她的歌声（所）吸引。（○）

飞机被风雪阻，无法起飞。（×）→　飞机被风雪所阻，无法起飞。（○）

(2)“把”構文と同様に、受け身文の中の能願動詞・否定詞も必ず“被”の前に置く必要があります。また、時間を表す語も常に“被”の前に置き、このとき“被”の後の動詞は1つの2音節の動詞でもかまいません。

例：我的话被同学们可能误解了。（×）→　我的话可能被同学们误解了。（○）
他被困难没有吓倒。（×）→　他没有被困难吓倒。（○）
我们的建议被老师已经采纳。（×）→　我们的建议已经被老师采纳。（○）

(3)“被”のほか、“叫”“让”“给”も受け身を表すことができます。ただし、“被”“给”の後の目的語は省略できますが、“叫”“让”の後の目的語は省略できません。

例：他让批评了一顿。（×）→　他被批评了一顿。（○）
→　他让 / 叫老师批评了一顿。（○）

(4)“受”“收到”も受け身を表すことができ、“受到表扬”“受到欢迎”“受到影响”“受到尊重”“受……之托”など一部の固定的な組み合わせに用いられます。そのほか、“遭到”“挨”も受け身を表しますが、後に置く動詞は一般的に起こることが望ましくない動作を表します。

例：我今天是受别人之委托来看你的。（×）→　我今天是受别人之托来看你的。（○）
他的文章遭到一致好评。（×）→　他的文章受到一致好评。（○）
→　他的文章遭到一致批评。（○）

実戦問題

1 完成句子。

1. 饼干　奶奶　把　拿到　哪儿　去　了

2. 古董　保存　被　那件　完整　地　下来

3. 打扫　干净　厨房　被　得　大家　非常

4. 礼物　把　送去　还　他　没

5. 了　他　终于　被　那所　大学　录取

6. 邻居家　的　姐姐　被　狗　咬过　一口　曾经

7. 流行　欢迎　音乐　受到　年轻人　的

8. 行李箱　偷走了　把　小偷　校长的

9. 能够　被　老百姓　荣幸　感到　我　称赞　很

10. 钥匙　他　家里了　忘在　把　一不小心

参考解答と訳：

1 文を完成しましょう。

1. 奶奶把饼干拿到哪儿去了？（おばあさんはビスケットをどこに持って行ったのだろう？）
2. 那件古董被完整地保存下来。（あの骨董は完全に保存されてきている）
3. 厨房被大家打扫得非常干净。（キッチンはみんなにとてもきれいに掃除された）
4. 他还没把礼物送去。（彼はまだプレゼントを渡していない）
5. 他终于被那所大学录取了。（彼はとうとうあの大学に採用された［合格した］）
6. 姐姐曾经被邻居家的狗咬过一口。/ 邻居家的姐姐曾经被狗咬过一口。（お姉さんは隣の家の犬に［1度］かまれたことがある。／隣の家のお姉さんは犬に［1度］かまれたことがある）
7. 流行音乐受到年轻人的欢迎。（ポップミュージックは若者に好まれている）
8. 小偷把校长的行李箱偷走了。（どろぼうは校長のトランクを盗んで行った）
9. 能够被老百姓称赞，我感到很荣幸。（多く人に賞賛されることができ、私は光栄に感じた）
10. 他一不小心把钥匙忘在家里了。（彼はうっかり鍵を家に忘れた）

2 看图，用词造句。

1. 捡

2. 零食

3. 橙子

4. 浇

参考解答と訳：

2 図を見て、与えられた単語を使って文を作りましょう。解答例はそれぞれ正しい文です。どれがより完全で、中国語らしく、美しいか比べてみましょう。

1. 他在捡垃圾。/ 他把别人丢在地上的垃圾捡了起来。/ 他一看见地上有别人扔掉的垃圾，就连忙把它捡起来放进垃圾袋。（彼はゴミを拾っている。／彼は他の人が地面に捨てたゴミを拾い上げた。／彼は地面に他の人が捨てたゴミがあるのを見ると、急いでそれを拾い上げてゴミ袋に入れた）
2. 桌子上有很多零食。/ 桌子上摆满了各种各样的零食。/ 桌子被各种各样的零食挤得没有空间了。（テーブルの上にたくさんのおやつがある。／テーブルの上に様々なおやつがいっぱいに並んでいる。／テーブルには様々なおやつが隙間もないほどぎっしり並べられている）
3. 她拿着一个刚切开的橙子。/ 她的手里拿着一个刚切开的新鲜的橙子。/ 她把一个刚切开的新鲜的橙子拿在手里，放在嘴边。（彼女は［1つの］切ったばかりのオレンジを持っている。／彼女は手に［1つの］切ったばかりの新鮮なオレンジを持っている。／彼女は[1つの]切ったばかりの新鮮なオレンジを手に持ち、口もとに掲げている）
4. 她在给花浇水。/ 她在给美丽的花浇水。/ 她正在小心翼翼地给那些已经盛开的美丽的花浇水。（彼女は花に水をやっている。／彼女は美しい花に水をやっている。／彼女はもう満開になったその美しい花に注意深く水をやっているところだ）

5. 睡

6. 实验

7. 愉快

8. 日记

9. 沙发

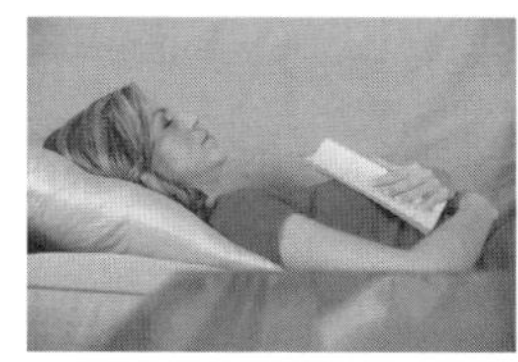

5. 她还没睡醒。/ 她睡得很香，闹钟响了，她也不想起床。/ 她实在是太困了，闹钟响了，她还不想起，还想再睡一会儿。(彼女はまだ目覚めていない。／彼女はぐっすり眠っていて、目覚まし時計が鳴っても、起きようとしない。／彼女は本当に眠く、目覚まし時計が鳴っても、まだ起きようとせず、もう少し眠ろうとしている)

6. 他们在做实验。/ 老师和学生们正在一起做实验。/ 学生们的实验做得很成功，受到了老师的表扬。(彼らは実験をしている。／教師と学生たちが一緒に実験をしているところだ。／学生たちの実験はうまくいき、教師に褒められた)

7. 他感到很愉快。/ 他看起来心情很愉快。/ 他终于把今天的工作做完了，心情很愉快。(彼は浮き浮きしている。／彼は心が浮き浮きしているようだ。／彼はとうとう今日の仕事を終え、心が浮き浮きしている)

8. 她在写日记。/ 她每天晚上都写日记。/ 她每天晚上都会趴在床上写日记，把自己一天所做的事情记录下来。(彼女は日記を書いている。／彼女は毎晩いつも日記を書く。／彼女は毎晩いつもベッドにうつ伏せて日記を書き、自分が 1 日にしたことを書きとめる)

9. 一个女人躺在沙发上。/ 一个女人躺在沙发上睡着了。/ 那个女人躺在沙发上看书，结果看着看着就睡着了。(1 人の女性がソファーに横たわっている。／1 人の女性がソファーに横たわって眠ってしまった。／その女性はソファーに横たわって本を読み、ついに読みながら眠ってしまった)

10. 魔术

10. 他在表演魔术。/ 他在为观众们表演魔术。/ 他表演的魔术很精彩，很多人都喜欢看。（彼は手品を披露している。／彼女は観客のために手品を披露している。／彼の披露する手品は素晴らしく、たくさんの人が喜んで見ている）

新出単語

古董	gǔdǒng	（名）	骨董
保存	bǎocún	（動）	保存する
所	suǒ	（量）	家屋・学校・病院などを数える
录取	lùqǔ	（動）	（試験合格者を）採用する、採る
曾经	céngjīng	（副）	かつて、以前、一度
咬	yǎo	（動）	かむ
小偷	xiǎotōu	（名）	どろぼう
老百姓	lǎobǎixìng	（名）	庶民、民衆、普通の人民
称赞	chēngzàn	（動）	称賛する
荣幸	róngxìng	（形）	光栄である
捡	jiǎn	（動）	拾う
连忙	liánmáng	（副）	急いで、あわてて
零食	língshí	（名）	間食
摆	bǎi	（動）	並べる
小心翼翼	xiǎoxīn-yìyì	（成）	（言動が）慎重である、注意深い
盛开	shèngkāi	（動）	満開である、盛りである
实验	shíyàn	（名）	実験
魔术	móshù	（名）	マジック奇術、手品

復習と練習

改病句。

1. 他把头发染，我都没认出来。

2. 你把东西别到处乱放。

3. 他放行李到宿舍就跑来看你了。

4. 他受良好的教育过。

5. 大家先别着急，今天把任务要分配一下。

6. 他没有别人尊重的感觉，所以也不会尊重别人。

7. 他骗爸爸，叫打了一顿。

8. 你能翻译这篇文章成中文吗?

9. 她挨了表扬，脸一下子红了。

10. 我们把老板上午安排的工作得做完才能下班。

参考解答と訳：

間違った文を直しましょう。

1. **他把头发染了，我都没认出来。**（彼が髪を染めたので、私は［彼のことが］分からなかった）
2. **你别把东西到处乱放。**（あなたはものをあちこちに散らかさないで）
3. **他把行李放到宿舍就跑来看你了。**（彼は荷物を宿舎に置いてすぐあなたに会いに来た）
4. **他受过良好的教育。**（彼は優れた教育を受けた）
5. **大家先别着急，今天要把任务分配一下。**（みんなまずは焦らないで、今日はちょっと仕事を振り分けます）
6. **他没有被别人尊重的感觉，所以也不会尊重别人。**（彼は他人に尊重されたと感じたことがないので、他人を尊重することもできない）
7. **他骗爸爸，被打了一顿。/ 他骗爸爸，叫爸爸打了一顿。**（彼はお父さんに嘘をついて、ひどく叩かれた。／彼はお父さんに嘘をついて、［お父さんに］ひどく叩かれた）
8. **你能把这篇文章翻译成中文吗?**（あなたはこの文章を中国語に翻訳できますか？）
9. **她受了表扬，脸一下子红了。**（彼女は褒められて、顔をぱっと赤らめた）
10. **我们得把老板上午安排的工作做完才能下班。**（私たちは社長が午前中に決めた仕事をやり終えなければ退社できない）

水曜日

文の内容を豊かにする

同じ文でも、中心となる幹、つまり主語・述語・目的語だけで表現しようとすれば、読む人に単調なイメージを与えます。これに対して、連体修飾語・連用修飾語・補語の成分を加えると、さらにはっきりと伝えたいことを表現でき、文もおのずから更になめらかになります。このため、文章を書くときには修飾機能を持つ語を加えるとよいのです。これまで学んだように、整ったなめらかな表現であればHSK 4～5級の試験では高得点を取ることができます。ところがHSK 6級の作文では、どこが修飾機能を持つ語で、どこが省略可能な部分かを理解していなければ、的確な文章に要約することはできません。

■要点のまとめ
修飾機能を持つ語

❶ 修飾機能を持つ語とは？

修飾機能を持つ語とは、文の中心となる幹を修飾する単語・フレーズを指し、名詞・形容詞・副詞などはすべて修飾に用いることができます。

❷ 修飾機能を持つ語は通常、文中で連体修飾語・連用修飾語・補語となります。

(1) 連体修飾語となるもの

① 所属を表す語、時間や場所を表す語・フレーズ
② 数量フレーズ
③ 動詞・動詞フレーズ
④ 形容詞・形容詞フレーズ
⑤ 名詞・名詞フレーズ

例：国家队的　一位　有十多年教学经验的　优秀的　篮球　教练。
　(所属)　(数量)　(動詞フレーズ)　(形容詞)(名詞)

(2) 連用修飾語となるもの

① 目的や原因を表す介詞＋目的語フレーズ

② 時間や場所を表す語・フレーズ

③ 語気（副詞）や対象を表す語・フレーズ（介詞＋目的語フレーズ）

④ 状態や順序を表す語・フレーズ

例：许多老师　昨天　在休息室里　都　热情地　同他　交谈。
（時間）　（場所）（範囲）(状態)（対象）

(3) 補語となるもの

① 動作や行為の結果・状態・方向を表す述語的な機能を持つ語

例：他终于见到了姐姐，高兴得眼泪都要流下来了。

② 数量フレーズ（時量フレーズ・動量フレーズ、数量の比較を表すフレーズ）

例：为了办这个签证，我去了出入境管理局两次。

③ 介詞フレーズ

例：这件事发生在冬天。

第一週 月 火 水 木 金 末
第二週 月 火 水 木 金 末
第三週 月 火 水 木 金 末

実戦問題

1 完成句子。(注意修饰性词语)

1. 吃饭　去　酒　他　带着　餐厅

2. 分配　老板　要　任务　一下

3. 买　是　什么　时候　的　这本书

4. 学生　非常　出色　有　两个　的　教授

5. 去了　为了　买　电影票　售票处　几次　他

6. 忙　每天　他　到　半夜

7. 走进　房间　来　妹妹　高高兴兴　地

8. 得　更好　人们　的　过　生活　了

9. 热情　十分　都　的　这里　人们

10. 顺利　地　工作　找到　了　她

参考解答と訳：

1 文を完成しましょう。修飾機能を持つ語に注意すること。

1. 他带着酒去餐厅吃饭。(彼は酒を持ってレストランに食事に行った)
2. 老板要分配一下任务。(店主はちょっと仕事を分配しようとしている)
3. 这本书是什么时候买的？(この本はいつ買ったものですか？)
4. 教授有两个非常出色的学生。(教授には2人のとてもすばらしい学生がいる)
5. 他为了买电影票去了售票处几次。/他为了买电影票去了几次售票处。(彼は映画のチケットを買うためにチケット売り場に何度か行った。／彼は映画のチケットを買うために何度かチケット売り場に行った)
6. 他每天忙到半夜。(彼は毎日夜中まで忙しくしている)
7. 妹妹高高兴兴地走进房间来。(妹は楽しそうに部屋に入ってきた)
8. 人们的生活过得更好了。(人々の生活はさらに良くなった)
9. 这里的人们都十分热情。(ここの人々はみなとても親切だ)
10. 她顺利地找到了工作。(彼女は順調に仕事を見つけた)

2 看图，用词造句。

1. 饭馆

2. 上班

3. 年纪

4. 高

参考解答と訳：

2 図を見て、与えられた単語を使って文を作りましょう。解答例はそれぞれ正しい文です。どれがより完全で、中国語らしく、美しいか比べてみましょう。

1. 这个饭馆人很多。/ 这个饭馆生意很好，有很多人。/ 这个饭馆生意很好，有很多人都来这里吃饭。（このレストランには人が多い。／このレストランは商売が繁盛していて、多くの人がいる。／このレストランは商売が繁盛していて、多くの人がみなここに食事に来る）

2. 她在上班。/ 她穿着制服，看起来还在上班。/ 她每天上班的时候，都穿着整洁的制服，而且面带微笑。（彼女は仕事中だ。／彼女は制服を着ていて、まだ仕事中のようだ。／彼女は毎日仕事中には、いつも清潔な制服を着て、それに顔には微笑を浮かべている）

3. 她的年纪很小。/ 她看起来年纪很小。/ 她年纪很小，看起来还在上幼儿园。（彼女の年齢は幼い。／彼女は年齢が幼いようだ。／彼女は年齢が幼く、まだ幼稚園に通っているようだ）

4. 这栋楼很高。/ 这栋楼很高，差不多有 50 层。/ 这栋楼非常高，高得仿佛站在楼顶伸手就能摸到白云。（このビルは高い。／このビルは高くて、ほぼ50階ある。／このビルはとても高くて、まるで屋上に立って手を伸ばすと白い雲まで触れられそうなほど高い）

5. 照相机

6. 参观

7. 游泳

8. 镜子

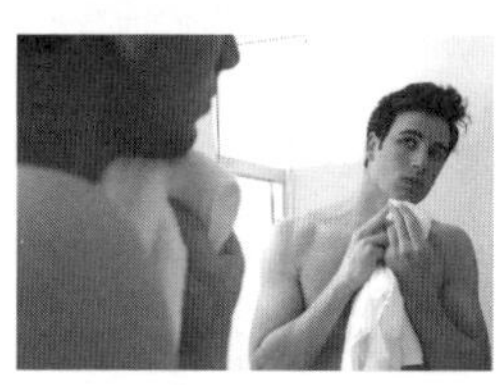

9. 可爱

5. **他在用照相机拍照。/ 这个男人正在用照相机拍照。/ 这个男人正在用他的照相机拍摄美丽的景色。**(彼はカメラで写真を撮っている。/この男性はカメラで写真を撮っているところだ。/この男性は自分のカメラで美しい風景を撮っているところだ)
6. **他们在参观博物馆。/ 他们正在历史博物馆参观。/ 导游正带领着游客，参观当地的历史博物馆。**(彼らは博物館を見学している。/彼らは歴史博物館を見学しているところだ。/ガイドが観光客を引率して、現地の歴史博物館を見学しているところだ)
7. **他在学游泳。/ 他在游泳馆里学习游泳。/ 在游泳馆里，爸爸正在教他的孩子学习游泳。**(彼は水泳を学んでいる。/彼はプールで水泳を学んでいる。/プールで、父親が自分の子供に水泳を教えているところだ)
8. **他在照镜子。/ 他看着镜子里自己的脸。/ 他在照镜子，看看自己刚才有没有把脸洗干净。**(彼は鏡を見ている。/彼は鏡の中の自分の顔を見ている。/彼は鏡を見て、自分がさっき顔をきれいに洗ったかどうか調べている)
9. **兔子很可爱。/ 这只小兔子看起来很可爱。/ 这只白色的小兔子看起来真的很可爱。**(ウサギは可愛らしい。/この小ウサギは可愛らしく見える。/この白い小ウサギは本当に可愛らしく見える)

10. 自行车

10. 他骑着自行车。/ 他在公路上骑着自行车。/ 在公路上，他骑自行车骑得飞快，好像正在和谁比赛。（彼は自転車に乗っている。／彼は道路で自転車に乗っている。／道路で、彼は飛ぶような速さで自転車に乗っていて、まるで誰かとレースをしているところのようだ）

新出単語

老板	lǎobǎn	（名）	店の主、経営者
分配	fēnpèi	（動）	分配、割り当てる
出色	chūsè	（形）	すばらしい
制服	zhìfú	（名）	制服、ユニホーム
年纪	niánjì	（名）	年齢
栋	dòng	（量）	棟
仿佛	fǎngfú	（副）	あたかも（……のようだ）、まるで、さながら
摸	mō	（動）	（手で）触る、なでる、（手を）触れる
博物馆	bówùguǎn	（名）	博物館
带领	dàilǐng	（動）	引率する、案内する、引き連れる

復習と練習

扩写句子。

1. 他在看书。

2. 我喜欢打篮球。

3. 朋友买了礼物。

4. 今天天气晴朗。

参考解答と訳：

文の内容を書き加えましょう。

1. 他在看数学书。/ 他在看一本数学书。/ 他正在聚精会神地看一本数学书。（彼は数学の本を読んでいる。／彼は 1 冊の数学の本を読んでいる。／彼は精神を集中して 1 冊の数学の本を読んでいるところだ）
2. 我非常喜欢打篮球。/ 我非常喜欢在学校的操场上打篮球。/ 我非常喜欢在学校的操场上和同学们一起打篮球。（私はバスケットボールをするのがとても好きだ。／私は学校の運動場でバスケットボールをするのがとても好きだ。／私は学校の運動場でクラスメイトたちと一緒にバスケットボールをするのがとても好きだ）
3. 朋友给我买了礼物。/ 朋友给我买了生日礼物。/ 为了祝贺我的生日，朋友给我买了生日礼物。（友達が私にプレゼントを買ってくれた。／友達が私に誕生日のプレゼントを買ってくれた。／私の誕生日を祝うために、友達が私にバースデープレゼントを買ってくれた）
4. 今天天气很晴朗。/ 今天天气很晴朗，天很蓝，一片云也没有。/ 今天天气很晴朗，天很蓝，一片云也没有，很适合去公园。（今日の天気は晴れている。／今日の天気は晴れて、空は青く、一片の雲もない。／今日の天気は晴れて、空は青く、一片の雲もなくて、公園へ行くのにぴったりだ）

5. 商店在卖东西。

6. 公园里有一个老人。

7. 上海离北京很远。

5. 这家商店在卖一些东西。/ 公园附近的这家商店正在卖一些东西。/ 公园附近的这家商店正在减价卖一些生活中常用的东西。(この店は［ちょっとした］ものを売っている。／公園の近くのこの店は［ちょっとした］ものを売っているところだ。／公園の近くのこの店は［ちょっとした］日用品を安売りしているところだ)

6. 公园里有一个老人在休息。/ 公园里有一个老人坐在长椅上休息。/ 街边的公园里有一个老人正坐在大树旁的长椅上静静地休息。(公園で 1 人の老人が休んでいる。／公園で 1 人の老人がベンチに座って休んでいる。／街角の公園で 1 人の老人が大きな木のそばのベンチに座って静かに休んでいるところだ)

7. 上海离北京很远，坐飞机要两个小时。/ 上海离北京很远，坐飞机要两个小时，坐高铁要五个小时。/ 上海离北京很远，坐飞机要两个小时，坐高铁要五个小时，坐汽车的话就更久了。(上海は北京から遠く、飛行機に乗って 2 時間かかる。／上海は北京から遠く、飛行機に乗って 2 時間かかり、新幹線に乗って 5 時間かかる。／上海は北京から遠く、飛行機に乗って 2 時間かかり、新幹線に乗って 5 時間かかり、車に乗ればもっと長くなる)

8. 飞机还没起飞？

9. 明天可能下雨。

10. 地球是我们的家园。

8. 飞机现在还没起飞吗？ / 都两点了，飞机现在还没起飞吗？ / 都下午两点了，飞机现在还没起飞，是不是出什么问题了？（飛行機は今まだ離陸していないの？／もう２時だよ、飛行機は今まだ離陸していないの？／もう午後２時だよ、飛行機が今まだ離陸していないのは、何かトラブルがあったの？）

9. 明天可能要下雨。/ 天气预报说明天可能要下雨。/ 天气预报说明天可能要下雨，出门记得带雨伞。（明日雨が降るかもしれない。／天気予報は明日雨が降るかもしれないと言っている。／天気予報は明日雨が降るかもしれず、外出には忘れずに傘を持っていくように言っている）

10. 地球是我们共同的家园。/ 地球是我们人类共同的家园。/ 地球是我们人类共同的家园，我们要好好爱护它。（地球は私たちの共通のふるさとだ。／地球は私たち人類の共通のふるさとだ。／地球は私たち人類の共通のふるさとで、私たちはしっかり大切にしなくてはならない）

木曜日

短い文章の内容を豊かにする

中国語の文の構造、常用される構文、修飾機能を持つ語を理解して、みなさんはある程度長く、表現が正確でなめらかな文が書けるようになりました。さらに中国語作文の一般常識を知り、自分の考えを加えれば、中国語で文章を書くのは難しいことではなくなるでしょう。さて、HSK 6級の作文部分では、叙述的な文章の要約が求められます。つまり1篇の文章の中で重要でない部分を削り、一部の主要な、文章の中心となるテーマと関係する言葉を残すことです。ですから、文章のキーワードを探し当てることができれば、この作文を書き上げるのは容易になります。

HSK 6級の作文問題とは逆に、HSK5級の作文で求められるのは、与えられた語を使いつつ“扩写”〔内容を書き足すこと〕して、80字前後の短い文章にすることです。これとHSK 6級の問題を結びつけると、どちらも「キーワード」を中心に文章を組み立てていることは簡単に分かります。それでは、まずHSK5級の問題から「キーワード作文」の方法を身につけていきましょう。

■要点のまとめ
“扩写”の基礎知識

❶ “扩写”とは？

“扩写”とは、与えられた材料の主な内容を変えないまま、材料に展開や補足を行い、内容をより豊かに、具体的にすることです。

❷ “扩写”で求められること

(1) 材料を関連づけて書くこと。条件に合わない作文をしてはいけません。
(2) 文章の筋道は論理的に組み立て、全体の内容を統一すること。
(3) 書き加える言葉は全体に一貫性を持たせ、自然に繋がるようにすること。

実戦問題

实战一

请结合下列词语（要全部使用）写出一篇 80 字左右的短文。

圣诞节　晚会　礼物　热情　舞蹈

实战二

请结合下列词语（要全部使用）写出一篇 80 字左右的短文。

教师　奉献　退休　邻居　尊敬

✦ヒントと参考解答訳：

実戦問題 1

以下の単語を組み合わせて（すべて使うこと）80 字前後の短い文章を書きましょう。

1. 与えられた単語を関連づけて、1 つの文にしましょう。

圣诞节晚会（クリスマスパーティーで），同学们表演舞蹈（クラスメイトたちはダンスを発表し），热情地打招呼（心をこめてあいさつし），互相送礼物（互いにプレゼントを贈った）。

2. 文に基づいて想像をめぐらせ、まとまった 1 つの出来事として展開して、ものごとが進行する順序とプロセスのとおりに並べましょう。

举办晚会（パーティーをした）——表演舞蹈（ダンスを発表した）——热情地打招呼（心をこめてあいさつした）——互相送礼物（互いにプレゼントを贈った）

今天，学校举办了庆祝圣诞节的晚会，舞台上同学们表演的舞蹈非常棒，我们在下面看得也非常高兴。晚会结束后，表演完的同学都过来热情地和我们打招呼，我们一起聊天，还互相交换了礼物。（今日、学校ではクリスマスを祝うパーティーが行われ、舞台でクラスメイトたちが発表したダンスは非常にすばらしく、私たちは下で見ていてもとても楽しかった。パーティーが終わると、発表を終えたクラスメイトたちがみなやって来て心をこめて私たちにあいさつし、私たちは一緒におしゃべりして、互いにプレゼントも交換した）

実戦問題 2

以下の単語を組み合わせて（すべて使うこと）80 字前後の短い文章を書きましょう。

1. 与えられた単語を関連づけて、1 つの文にしましょう。

邻居们看到教师批改作业（近所の人たちは教師が宿題を直すのを目にし），教师直到退休都在为教育奉献（教師は定年までずっと教育に身を捧げ），受到人们的尊敬（人々の尊敬を受けた）。

2. 文に基づいて想像をめぐらせ、まとまった 1 つの出来事として展開して、ものごとが進行する順序とプロセスのとおりに並べましょう。

教师批作业（教師は宿題を直している）——曾是优秀毕业生（かつて優秀な卒業生だった）—— 一直教到退休（定年までずっと）——奉献给教育事业（教育事業に身を捧げた）——受到尊敬（尊敬を受けた）

在夜里，邻居们常常会看到一个在窗前批改作业的身影。那是一位教师，当年她是师范大学的优秀毕业生。她当了几十年的老师，直到退休。她把一生都奉献给了教育事业，受到了周围人的尊敬。（夜には、近所の人たちはよく窓辺で宿題を直している人影を見かけた。それはある教師で、かつて彼女は師範大学の優秀な卒業生だった。彼女は定年までずっと、数十年教師をつとめた。彼女は一生を教育事業に捧げ、まわりの人々の尊敬を受けた）

新出単語

庆祝	qìngzhù	（動）	慶祝する、祝う
舞蹈	wǔdǎo	（名）	舞踏、舞踊、踊り、ダンス
棒	bàng	（形）	すばらしい
打招呼	dǎ zhāohu		あいさつする
交换	jiāohuàn	（動）	交換する、取り交わす、やりとりする
退休	tuìxiū	（動）	定年
奉献	fèngxiàn	（動）	献上する、差し上げる
事业	shìyè	（名）	事業
尊敬	zūnjìng	（動）	尊敬する

復習と練習

请结合下列词语（要全部使用）写出一篇 80 字左右的短文。

1. 幸福　睡衣　爸爸　绿茶　电视剧

2. 风景　老人　湖边　山水画　羡慕

参考解答と訳：

以下の単語を組み合わせて（すべて使うこと）80 字前後の短い文章を書きましょう。

1. 　周末的上午，我穿着睡衣坐在电脑前上网。爸爸在客厅里一边看着报纸，一边喝着绿茶，妈妈在爸爸旁边看着电视剧。小猫趴在窗边的地板上晒着太阳。这是一幅多么幸福的画面啊！（週末の午前、私はパジャマのままパソコンの前に座ってインターネットをしている。父さんはリビングで新聞を読みながら緑茶をすすり、母さんは父さんの隣でテレビドラマを見ている。子猫は窓辺の床に寝そべって日向ぼっこしている。これは何て幸せな場面なのだろう！）

2. 　我们来到了一个风景秀丽的地方，看到湖里的一条小船上坐着一位老人。湖边有几间矮矮的房子，四周是一大片树林，这一切如同一幅美丽的山水画。我们都非常羡慕老人的生活。（私たちはとある景勝地にやってきて、湖の 1 艘の小舟に乗っているある老人を見かけた。湖畔にはいくつかの低い家々が並び、周囲は広々とした森で、このすべてが一幅の美しい山水画のようだった。私たちはみな老人の暮らしがとても羨ましいと思った）

金曜日

図を見て短い文章を書く

「図を見て短い文章を書く」とは、図の中に描かれている内容を言葉で表現することです。これはHSK5級の作文問題の形式で、作文トレーニングによく見られるスタイルでもあります。これによって観察力・想像力・論理的な思考能力を鍛えることができます。図は静止したものであり、しかも比較的単純なので、よく観察して筋道を立てて連想を広げることで、動かない画面に動きを持たせ、いきいきと表現することが大事です。例えば人物に語らせて心中の思いを表現する、場面を色彩豊かに描くなどです。HSK6級の作文では、与えられた短い文章を頭の中で1枚の絵のように思い浮かべてから、自分の言葉で叙述することが求められます。さあ、張り切って練習していきましょう！

■要点のまとめ
図を見て連想を広げる

連想のステップ：

❶ まず図に描かれたものごとや、図が伝えようとしている主な内容を把握します。

❷ 図をよく見て、ものごとが起こった場所・環境を読み取ります。人物がいれば、注意してその人の服装・体つき・動作・表情を観察し、どんな人物か想像します。背景や人物の服装から、ものごとが起こった時を考えます。

❸ 図が伝えようとしているテーマは何かを考え、それまではどうだったのか、これからどんな変化が起こるのかを想像します。

実戦問題

●实战一

请结合这张图片，写一篇 80 字左右的短文。

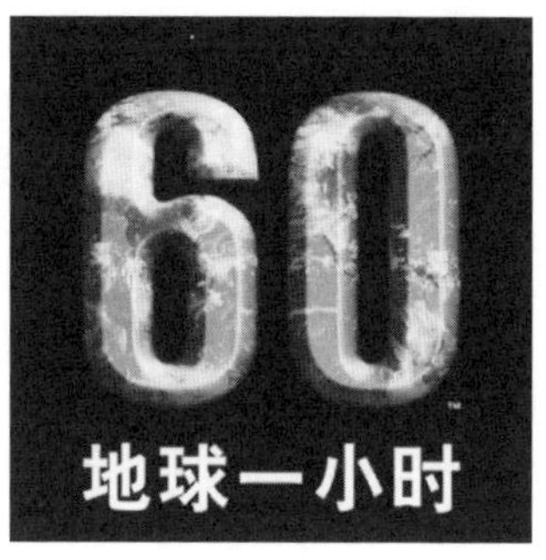

●实战二

请结合这张图片，写一篇 80 字左右的短文。

第一週 月 火 水 木 金 末

第二週 月 火 水 木 金 末

第三週 月 火 水 木 金 末

✦ヒントと参考解答訳：

実戦問題 1

以下の図に関連させて、80 字前後の短い文章を書きましょう。

1. 与えられた図について、1 つの文で簡単に説明してみましょう。

人们发起“地球一小时”的活动。（人々は「地球の 1 時間」という活動を起こした。）

2. 文に基づいて想像をめぐらせ、まとまった 1 つの出来事として展開して、ものごとが進行する順序とプロセスのとおりに並べましょう。

气候变化（気候の変化）——发起活动（活動を起こした）——提出倡议（呼びかけを提起した）——行动支持（行動して支持した）

二氧化碳的过量排放导致的气候问题已经威胁到了人类的生存。面对这种情况，来自 80 多个国家的人们发起了一场“地球一小时”的活动，倡议“我们一起熄灯一小时”，希望以熄灯的行为表明对应对气候变化行动的支持。（二酸化炭素の過剰な排出がもたらした気候の問題は、すでに人類の生存を脅かしている。このような状況に直面して、80 あまりの国の人々が「地球の 1 時間」という活動を起こし、「私たちは共に 1 時間消灯しよう」と呼びかけ、消灯という行為で気候の変化に対応する行動への支持を表明しようとしている）

実戦問題 2

以下の図に関連させて、80 字前後の短い文章を書きましょう。

1. 与えられた図について、1 つの文で簡単に説明してみましょう。

春天，爸爸和儿子在草地上放风筝。（春、父親と息子が野原で凧を揚げている。）

2. 文に基づいて想像をめぐらせ、まとまった 1 つの出来事として展開して、ものごとが進行する順序とプロセスのとおりに並べましょう。

草地上（野原で）——爸爸和儿子在放风筝（父親と息子が凧を揚げている）——儿子望着风筝（息子は凧を眺めている）——爸爸在旁边（父親は隣にいる）——爸爸告诉儿子如何放风筝（父親は息子に凧揚げのやり方を教える）

春暖花开的季节，晴朗的天空下，爸爸和儿子正在一片绿油油的草地上放风筝。年幼的儿子兴奋地望着刚刚飞起来的风筝。爸爸慈爱地站在他的旁边，正在告诉可爱的儿子怎样才能把风筝放得更高更远。（春になって暖かく花が咲く季節、晴れた空の下で、父親と息子が一面の美しい緑の野原で凧を揚げている。幼い息子は揚がったばかりの凧をはしゃいで眺めている。父親は彼の隣に優しく立って、可愛い息子にどうしたら凧をもっと高く遠く揚げることができるか教えているところだ）

新出単語

二氧化碳	èryǎnghuàtàn	（名）	二酸化炭素
排放	páifàng	（動）	（廃棄物を）排出する
导致	dǎozhì	（動）	導く、招く、引き起こす
威胁	wēixié	（動）	威嚇する、脅す、おびやかす
人类	rénlèi	（名）	人類
生存	shēngcún	（動）	生存する
倡议	chàngyì	（動）	提議する、提案する、呼びかける
表明	biǎomíng	（動）	表明する
行動	xíngdòng	（名）	行動

復習と練習

请结合下列图片，写一篇 80 字左右的短文。

1. 

2. 

参考解答と訳：

以下の図に関連させて、80 字前後の短い文章を書きましょう。

1. 水是人们生活中不可缺少的资源。我们要保护它、珍惜它。节约用水，是我们共同的责任。同时，希望最后一滴水，不是人类的眼泪！最后，请地球上每一位公民记住：节约用水，人人有责！（水は人々の生活の中で欠かすことのできない資源だ。私たちはそれを守り、大切にしなければならない。水の節約は、私たちの共通の責任である。そして、最後の 1 滴の水が、人類の涙でありませんように！　最後に、地球の 1 人ひとりの市民にしっかり記憶してもらいたい。水の節約には、誰もが責任がある、と！）

2. 昨天突然下了一场大雪，搅乱了人们正常的生活和工作秩序。由于大雪造成路滑，城市道路的堵车情况非常严重。各种车辆在路上排成了长龙，上班、上学的人都可能会因此而迟到。（昨日突然大雪が降り、人々の普段の生活と仕事のリズムを乱した。大雪のために道が滑り、都市の道路の渋滞状況はとても深刻だ。様々な車が路上で長蛇の列を作り、通勤・通学の人はみなこのために遅刻するかもしれない）

第１週

週末の振り返りと力だめし

今週、みなさんは作文の基礎知識を学び、もう整った短い文章を書くことができるようになりました。文字のほかに、作文には欠かせないものが「標点符号」〔句読点・記号〕です。標点符号は文字で言葉を記録するのを補助する記号で、書き言葉の構成要素であり、休止・語気・言葉の性格やはたらきを表示します。HSK6 級を目指すみなさんにとっては、よく使われる標点符号の使い方をマスターすれば、基本的な作文の条件をクリアできることになります。標点符号の基礎をしっかり押さえたうえで、さらにやや高度なものも知って実際に使ってみれば、文章をより美しく、生き生きとしたものにできるでしょう。

知っておこう

（一）標点符号の使い方

標点符号は書き言葉の構成要素であり、文章語に欠かせない補助ツールです。自分の考えや感情を正確に表現すると同時に、文章に書かれた内容を読み取る助けとなります。

標点符号の用法

名称	記号	用法	例文
句号（句点）	。	1. 陳述文の文末に用います。	上海是中国第一大城市。 上海は中国第一の大都市だ。
		2. 語気のゆるやかな命令文の文末に用います。	请您过会儿再打电话。 しばらくしてからお電話ください。

名称	記号	用法	例文
问号（疑問符）	？	1. 疑問文の文末に用います。	这件衣服多少钱? この服はおいくらですか？
		2. 反語文の文末に用います。	难道你听不见吗? まさかあなたは聞こえないのですか？
叹号（感嘆符）	！	1. 感嘆文の文末に用います。	多么美丽的风景啊! なんて美しい風景だろう！
		2. 語気の強い命令文の文末に用います。	这里禁止吸烟! ここは喫煙禁止です！
		3. 語気の強い反語文の文末に用います。	我哪儿知道他的想法呀! どうして彼の考えが分かるだろう！
逗号（カンマ）	，	1. 文の中で主語と述語の間に休止が必要なときに用います。	举办过奥运会的北京，是中国的首都。 オリンピックを開催したことがある北京は、中国の首都だ。
		2. 文の中で動詞と目的語の間に休止が必要なときに用います。	要知道，罗马不是一天建成的。 ローマは１日にして成らず、と知るべきだ。
		3. 文の中で連用修飾語の後に休止が必要なときに用います。	对于这个问题，我们不知道该怎样解决。 この問題について、私たちはどう解決すべきか分からない。
		4. 複文中の単文の間の休止で、「；」を用いる場合以外すべてに用います。	听说北京的胡同有几千条，我去过的只有几十条。 北京の胡同は何千本もあるそうだが、私が行ったことがあるのは数十本しかない。
顿号（読点）	、	1. 文の内部で並列する単語の間の休止に用います。	中国、日本、韩国、新加坡等国家都参加了这次会谈。 中国・日本・韓国・シンガポールなどの国はみな今回の会談に参加した。

名称	記号	用法	例文
分号（セミコロン）	；	1. 複文の内部で並列する単文の間の休止に用います。	柳树倒映在河水里，显得更绿了；天空倒映在河水里，显得更蓝了。 柳の木が川の水に逆さに映って、いっそう緑だ。空が川の水に逆さに映って、いっそう青い。
		2. 行を変えて列挙する各項目の間に用います。	中华人民共和国行政区域划分如下： (一) 全国分为省、自治区、直辖市; (二) 省、自治区分为市、自治州、县、自治县； (三) 县 、自治县分为乡、民族乡、镇。 中華人民共和国の行政区画は以下のように分かれる。 （一）全国は省・自治区・直轄市に分かれる。 （二）省・自治区は市・自治州・県・自治県に分かれる。 （三）県・自治県は郷・民族郷・鎮に分かれる。
冒号（コロン）	：	1. 呼びかけの言葉の後に用い、以下に続く文を示します。	各位老师、同学们：大家好! 先生、学生のみなさん、こんにちは！
		2. “说、想、是、证明、宣布、指出、透露、例如、如下”などの語の後に用い、以下に続く文を示します。	奶奶笑着说：“快来吃饭了! ” おばあさんは笑って言った。「早くご飯を食べに来なさい！」
		3. 概括的な言葉の後に用い、以下に続く文でそれぞれ説明することを示します。	中国有四个直辖市：北京、天津、上海、重庆。 中国には4つの直轄市がある。北京・天津・上海・重慶だ。
		4. 解説が必要な語の後に用い、以下に解説や説明があることを示します。	报到时间：上午8时至下午4时 地点：北京师范大学主楼 手続時間：午前8時から午後4時まで 場所：北京師範大学本館
		5. 総括的な言葉の前に用い、前で述べたことを総括します。	她去了清华，他进了北大：他们都实现了之前的愿望。 彼女は清華大学に進み、彼は北京大学に進んだ。彼らはどちらもそれまでの念願をかなえた。

名称	記号	用法	例文
引号（引用符）	“　” ‘　’	1. 文中で直接引用している部分に用います。	“功夫不负有心人”，他通过努力终于取得了成功。 「努力は志ある人を裏切らない」、彼は努力によってついに成功を手にした。
		2. 強調して述べる必要がある対象に用います。	如今，“金融危机”已经扩散到了全世界。 今では、「金融危機」は全世界に広がっている。
		3. 特殊な含意のある語に用います。	用别人的钱做好事，你真的是太“善良”了。 他人の金で善行を成すとは、あなたは本当に大いに「善良」だ。
		4. カッコの中にさらにカッコを使う必要がある場合は、外側に「“”」を、内側に「‘’」を用います。	她问：“老师，‘三人行必有我师’是什么意思？” 彼女は聞いた。「先生、『三人行えば必ず我が師あり』とはどういう意味ですか？」
括号（パーレン）	（　）	文中で注釈を行う部分に用います。文中の特定の語に注を入れる場合、その語の直後に（　）を入れます。文全体に注を入れる場合、文末記号の後に（　）を入れます。	(1) 老舍（原名舒庆春）是中国现代小说家。 (1) 老舎（本名舒慶春）は中国の現代小説家だ。 (2) 他养了许多花，还饲养了许多小动物。（他后来还曾照顾过动物园里的一只没有妈妈的小老虎。） (2) 彼はたくさんの花を育て、たくさんの小動物も飼った。（彼は後に動物園の母親がいない一頭の小トラの面倒を見たこともある。）

名称	記号	用法	例文
破折号（ダッシュ）	——	1. 文中で解説を行う部分に用います。	世界第八大奇迹——秦始皇陵兵马俑。 世界第八の大いなる奇跡——秦始皇帝陵の兵馬俑。
		2. 話題を急に変える場合に用います。	每个窗子里都透出灯光来，街上飘着一股烤鹅的香味，因为这是大年夜——她可忘不了。 それぞれの窓からみな明かりが漏れ、街には焼いたガチョウの香りが漂っている、なぜなら今日は大晦日だから——彼女は決して忘れられない。
		3. 音を伸ばす擬声語の後に用います。	“叮咚——”门铃响了起来。 「リンリン——」ドアのベルが鳴りだした。
		4. 項目を列挙して述べる場合、各項目の前に用います。	HSK 考试共分为三部分： ——听力； ——阅读； ——书写。 HSK 試験は合わせて 3 部分に分かれる。 ——リスニング、 ——読解、 ——作文。
省略号（省略記号）	……	1. 引用する文章を省略する場合に用います。	她唱起了那首歌：“海风在我耳边倾诉着老船长的梦想……” 彼女はあの歌を歌い出した。「海風が私の耳もとで老船長の夢を語りかけている……」
		2. 列挙を省略する場合に用います。	北京有很多名胜古迹：长城、故宫、颐和园、十三陵、天坛…… 北京には多くの名勝旧跡がある。長城・故宮・頤和園・十三陵・天壇……。
		3. 話し言葉の間に用い、話が中断してから続くことを示します。	他颤抖地说：“对……对不起。” 彼は震えながら言った。「ご……ごめんなさい」

名称	記号	用法	例文
连接号（ハイフン）	—	1. 2つの関連する名詞でまとまった意味単位を構成する場合、間に用います .	中国秦岭—淮河以北地区属于温带季风气候区，夏季高温多雨，冬季寒冷干燥。 中国の秦嶺—淮河以北の地域は温帯モンスーン気候区に属し、夏は高温で雨が多く、冬は寒冷で乾燥している。
		2. 関連する時間・場所や数の間に用い、起点と終点を示します。	这列火车的路线是上海—乌鲁木齐。 この列車の路線は上海—ウルムチだ。
		3. 関連する文字・アラビア数字などの間に用い、製品番号を示します。	AH— 64A 阿帕奇是一种全天候、全环境作战的直升机。 AH—64Aアパッチは全天候・全環境作戦型のヘリコプターだ。
		4. 複数の関連する項目が段階的に進展することを示す場合、間に用います。	人类的发展可以分为类人猿—原始人类—智人类—现代人类四个阶段。 人類の発展は類人猿—原始人類—ホモサピエンス—現代人類の4段階に分かれる。
间隔号（中ぐろ）	·	1. 外国人や少数民族の人名の中で、部分の切れ目を示します。	比尔・盖茨 ビル・ゲイツ
		2. 書名と篇（章・巻）名の切れ目を示します。	《史记 · 项羽本纪》 『史記・項羽本紀』
书名号（書名符号）	《 》	書名・篇名・雑誌名・刊行物名などに用います。	《三国演义》的作者是罗贯中。 『三国志演義』の作者は羅貫中だ。

(二) 標点符号の書式の例

1マス分　1マス分

　　对于这件事，我们也不太了解。

1マス分　1マス分

　　你认识他吗？他是王老师。

符号と漢字の間にスペースを入れない　1マス分

　　多么美丽的景色啊！

1マス分　1マス分　1マス分

　　北京、上海、南京都是中国的城市。

1マス分　1マス分　1マス分

　　时间，是人最宝贵的财富；时间，是一去不

1マス分

复返的流水。

1マス分　1マス分　1マス分

　　他说："今天天气真好，我们去游乐场玩吧。"

1マス分　1マス分　1マス分

　　"功夫不负有心人"，这句话说得很有道理。

1マス分　1マス分　1マス分

　　鲁迅（原名周树人）是中国著名作家。

2マス分　1マス分

　　我们终于来到了中国的首都——北京。

1マス分　1マス分　1マス分　1マス分

　　我去过很多国家，日本、中国、美国、加拿

1マス分　2マス分

大、印度……

1マス分

　　今年的假期是7月30日—8月30日。

1マス分　1マス分　1マス分

　　马克·吐温是美国著名的幽默大师、作家。

1マス分　1マス分

　　周杰伦的歌曲《七里香》很受学生们的欢迎。

「，」「。」などは行頭に書かず、前行の最後の文字と同じマスに入れる。

この件について、私たちもよく分からない。
あなたは彼を知っていますか？　彼は王先生です。
なんて美しい景色だろう！
北京・上海・南京はみな中国の都市だ。
時間とは、人のもっとも貴重な財産である。時間とは、一たび去れば戻らない水の流れである。
彼は言った。「今日は天気が本当によいから、私たちは遊園地に遊びに行こうよ」
「努力は志ある人を裏切らない」、この言葉にはとても道理がある。
魯迅（本名周樹人）は中国の著名な作家だ。
私たちはついに中国の首都——北京にやってきた。
私は多くの国に行ったことがある。日本・中国・アメリカ・カナダ・インド……。
今年の休暇は7月30日—8月30日だ。
マーク・トゥエインはアメリカの著名なユーモアの巨匠・作家だ。
周傑倫の曲「七里香」はとても学生たちに人気がある。

練習 

请为下列短文填上标点符号。

　　雨后　一只蜘蛛艰难地向墙上已经支离破
碎的网爬去　由于墙壁潮湿　它爬到一定的高
度　就会掉下来　它一次次地向上爬　一次次
地又掉下来
　　第一个人看到了　他叹了一口气　自言自
语道　我的一生不正如这只蜘蛛吗　忙忙碌碌
而无所得　于是　他日渐消沉
　　第二个人看到了　他说　这只蜘蛛真愚蠢
为什么不从旁边干燥的地方绕一下爬上去　我

以后可不能像它那样愚蠢　于是　他变得聪明起来

　　第三个人看到了　他立刻被蜘蛛屡败屡战的精神感动了　于是　他变得坚强起来

■解答

　　雨后，一只蜘蛛艰难地向墙上已经支离破碎的网爬去。由于墙壁潮湿，它爬到一定的高度，就会掉下来。它一次次地向上爬，一次次地又掉下来……

　　第一个人看到了，他叹了一口气，自言自语道：“我的一生不正如这只蜘蛛吗？忙忙碌碌而无所得。”于是，他日渐消沉。

　　第二个人看到了，他说：“这只蜘蛛真愚蠢，为什么不从旁边干燥的地方绕一下爬上去？我以后可不能像它那样愚蠢。”于是，他变得聪明起来。

　　第三个人看到了，他立刻被蜘蛛屡败屡战的精神感动了。于是，他变得坚强起来。

以下の短い文章に標点符号を入れなさい。

雨の後、１匹のクモが四苦八苦して、壁のもうぼろぼろになった巣に向かって這い上がろうとしていた。壁が濡れているため、ある高さまで這い上がると、すぐに落ちてしまう。クモは１回また１回と這い上がるが、そのたびに落ちてしまう……。

第１の人は見ると、ため息をつき、独り言を言った。「私の一生もまさにこのクモと同じではないだろうか？　あくせくしても何も得られない」こうして、彼は日ごとに落ち込んでいった。

第２の人は見ると、こう言った。「このクモは本当に愚かだ、どうしてそばの乾いた場所から少し回り道して這い上がらないのだろう？　私はこれからこいつのような愚かなことはすまい」こうして、彼は賢明になっていった。

第３の人は見ると、ただちにクモの七転び八起きの精神に心を動かされた。こうして、彼は粘り強くなっていった。

⦿模範文鑑賞

（来感受一下，标点符号带给文章的美感。）

北京的符号

小时候，我一听到卖糖葫芦的吆喝声，就缠着妈妈买来吃。有时候还偷偷地跟在卖糖葫芦的身后，不是为糖葫芦，而是为那一声声吆喝。

经常来吆喝的是个“老北京”，他一口悦耳的吆喝声，让我非常羡慕。那一段日子，只要他经过我家门口，我就会跟在他身后一起学着吆喝。“老北京”很喜欢我，每天都会给我一串糖葫芦。

十五年后，我长成了二十多岁的大小伙子。

那个卖糖葫芦的"老北京"也再也见不到了。我每天都在为前途奔波，理想是将来当个白领，再也不想小时候吃糖葫芦的事了。那悦耳的吆喝声，也随着时代的变迁被遗忘得干干净净。

后来，在一次春节庙会上，在熙熙攘攘的人群中，我又看到了那个陌生而熟悉的身影。十五年过去了，"老北京"的模样依然没变。我上前和他打招呼，他惊异地望着我，然后慈祥地笑了。

他递给我一串糖葫芦，说："提前付你的工资，像当年一样跟着我吆喝。"我仿佛又找回了自己的童年，但是我突然发现自己无论如何也张不开口，站在原地呆了半天。我感觉那太丢人了，毕竟我已经是个二十多岁的大人了。

"老北京"笑了笑说："怕了？我就知道。"然后，他一个人吆喝开了：

冰——糖——葫芦——

那悦耳的吆喝声，悠悠扬扬地进入我的脑海，像一缕残梦：胡同深处——四合院——小孩儿——妈妈……一股热浪叩击着我的心房。终于，我抛开一切，扯开了喉咙吆喝：

冰——糖——葫芦——

(標点符号が文章にもたらす美しさを感じ取りましょう)

北京の句読点

幼い頃、私はひとたび糖葫蘆(タンフールー)〔サンザシなどを串に刺して飴で固めたもの〕の呼び売りの声を耳にすると、母にせがんで買ってもらって食べた。こっそり糖葫蘆売りの後について歩いたこともあり、それは糖葫蘆のためでなく、あの一声一声の呼び売りのためだった。

いつも呼び売りに来ていたのは「老北京(ラオベイジン)〔生粋の北京っ子〕」で、彼の耳に心地よい呼び売りの声が、私にはとても羨ましかった。その頃、彼が家の前を通りさえすれば、私は彼の後ろについて一緒に呼び売りを学んだ。「老北京」は私を気に入り、毎日いつも私に 1 本の糖葫蘆をくれた。

15 年後、私は 20 歳過ぎのいい若者になった。あの糖葫蘆売りの「老北京」も、もう見かけなくなっていた。私は日々、つねに未来のために奮闘しており、夢は将来ホワイトカラーになることで、もう幼い頃食べた糖葫蘆のことを考えたりしなかった。あの耳に心地よい呼び売りの声も、時代の変化とともにすっかり忘れ去られてしまった。

後に、ある春節の廟会〔廟などの縁日〕で、にぎやかな人混みの中、私は再びあの見覚えがないようでよく知っている姿を見かけた。15 年が過ぎても、「老北京」の様子は昔のまま変わっていなかった。私が近づいて行って声をかけると、彼は驚いたように私を見やり、そして優しく笑いかけた。

彼は私に 1 本の糖葫蘆をくれ、こう言った。「先に手間賃を払うから、あの頃と同じように私と呼び売りしてほしい」私はまるで再び自分の子供時代に戻ったようだったが、どうしても口を開けられないことに突然気がつき、その場に長いあいだ立ち尽くしていた。それはとても恥ずかしいと思った。何と言っても私はもう 20 歳を過ぎた大人なのだ。

「老北京」は笑いながら言った。「恐いのか？　なら分かったよ」そして、彼は 1 人で呼び売りを始めた。

氷——糖——葫蘆——

その耳に心地よい呼び売りの声は、一すじの夢の名残りのように、ゆったりと私の脳裏に染み入った。胡同(フートン)の奥の——四合院——子供よ——母さんよ……ある熱い波が私の心を打った。ついに、私はすべてを忘れ、喉を引き裂くように呼び売りをした。

氷——糖——葫蘆——

■講評

「北京の句読点」(原題《北京的符号》)は、標点符号の使い方に特に心をくだいており、ひときわ優れています。全体の叙事、描写が着実な中で真情が表現できている一方で、文中の標点符号のはたらきが画竜点睛の役割を果たしています。優れた作文には、明確な内容、整った構成、なめらかな表現のうえで、さらに目をひくもの（いわば「キラリと光る点」）が必要です。この文章の結びの、人を心地よく酔わせるような“氷——糖——葫芦——”の部分は、まさにその「キラリと光る点」のある場所です。この文章を読むと、きっとこの酔わせるような北京訛りが読者の耳に響きわたり、いつまでも心に残ることでしょう。

第２週

要約の基礎トレーニング

今週から、本格的に HSK6 級の作文問題のトレーニングに入ります。つまり、1 篇およそ 1000 字の文章を読んでから、400 字程度の短い文章に要約します。そんなに長い文章をどう読むのか？　たくさんの内容をどう記憶するのか？　頭の中で混乱した内容をどう書き出すのか？　1000 字をどうやって 400 字にするのか？　一筋縄ではいかないことばかりですから、一歩一歩練習することが大事です。

月曜日

作文の書式

文章を読むとき、私たちは頭の中で１つの画面を思い浮かべることがあります。読み終わったとき、頭の中にはこの画面が残り、しかもなかなか消えません。このことから分かるように、文章を読むとき内容を１枚の図のように思い浮かべるだけで、文章に書かれていることが記憶しやすくなるのです。頭の中の図を頼りに文章に書き出すのは、「図」を見て作文することと同じです。そこでこの課ではまず、図を利用してまとまった文章を書く方法を学びましょう。

また、試験答案の作文としては、文章を書くときの書式を押さえておく必要もあります。中国語の書式と、みなさんの母語の書式には少し違いがありますので、特に気をつけてくださいね。そうしないと、書式の誤りのために減点されて悔しい思いをしますから。

■要点のまとめ
作文の書式

作文書式の見本

4マス以上空ける。タイトルは中央に書いてもよい

✔✔✔✔父亲的遗产

あるいは

父亲的遗产　中央に

段落ごとに冒頭を２マス空ける

✔✔父亲是赚钱的高手，儿子是花钱的高手。父
亲常劝儿子要学本事，不能只吃喝玩乐。儿子却
从来不听。

……

……

……

律师交给儿子一封信，父亲在信中告诉儿子自己这样做的苦心，希望儿子能创造出比自己更多的财富和价值。

父親の遺産

父親は金を稼ぐ名人で、息子は金を使う名人だ。父親はよく息子に、実力を身につけなさい、飲み食いして遊んでいるだけではだめだと諭している。だが息子は聞く耳を持ったことがない。

……

……

……

弁護士が息子に 1 通の手紙を手渡した。父親は手紙の中で、自分はこんなに苦労しているが、おまえには私より多くの財産と価値を生み出してほしい、と息子に告げていた。

実戦問題

请根据图片提供的内容，发挥想象，完成一篇不少于 400 字的叙事短文。

✦ヒントと参考解答訳：

図の内容に基づいて、想像をめぐらせ、400 字以上の叙事的な短い文章を書きましょう。

1. 図をすばやく見て、描かれている内容を理解し、ものごとが起こる過程を書き出しましょう。

   恋爱、结婚——有了第一个孩子——有了第二个孩子——全家人过圣诞节（恋愛・結婚——1 人目の子供が生まれる——2 人目の子供が生まれる——一家でクリスマスを過ごす）

2. 図に描かれている人物・場所・時間を書き出しましょう。（はっきりした時間・場所・人物が描かれていない図の場合は、省略してもかまいません）

   人物：爸爸、妈妈、姐姐、弟弟（父親・母親・姉・弟）

   場所：家（家）

   時間：圣诞节的晚上（クリスマスの夜）

每到圣诞节的时候，我都会特别想家。

我有一个幸福的家，家里有爸爸、妈妈、弟弟和我。25 年前，爸爸和妈妈相爱、结婚，然后就有了我。在我三岁的时候，家里又增添了一个新成员，就是我的弟弟。

爸爸是一家贸易公司的经理，工作很辛苦，每天天不亮就出门，晚上很晚才回来。但是不管多晚，他都会给我和弟弟讲一个故事，然后再哄着我们入睡。那些故事，我到现在都记得很清楚。我最喜欢的就是圣诞节的故事。爸爸说每当圣诞节到来的时候，大胡子的圣诞老人就会送给我们一份精美的礼物，所以那时我盼望圣诞节的来临，胜过其他节日。每到圣诞节前夜，妈妈都会做好饭，和我们一起等爸爸回来，然后我们全家一起吃饭，迎接圣诞。第二天早晨，我和弟弟一定会在床头的袜子里发现一份自己早就想要的礼物。当然我和弟弟现在都知道，那个送我们礼物的圣诞老人其实就是爸爸。

这就是我的家，家里有疼我爱我的爸爸和妈妈，有无数温馨和幸福的事情。即使我现在身在国外，但每到圣诞节的时候，我都会想起我的家，想起爸爸、妈妈和弟弟。

クリスマスの時期が来るたびに、私はいつもとりわけ家が恋しくなる。

私には幸せな家があり、家族は父・母・弟と私だ。25 年前、父と母は愛し合って、結婚し、それからすぐに私が生まれた。私が 3 歳のとき、家にはまた 1 人の新しいメンバーができ、それが私の弟だ。

父はある貿易会社の経営者で、仕事はきつく、毎日明るくなる前に家を出て、夜は遅くなってやっと帰って来た。でもどんなに遅くても、いつも私と弟に 1 つの物語を聞かせてくれ、それから私たちをあやして眠った。その物語を、私は今までみなはっきりと覚えている。私がいちばん好きなのがクリスマスの物語だ。父は、クリスマスの時期が来るたびに、ひげを生やしたサンタクロースが私たちにきれいなプレゼントを持ってきてくれると言った。だからその頃、私がクリスマスの訪れを待ち望むのは、他の祭日以上のことだった。クリスマスイブが来るたびに、母はいつもご馳走を作り、私たちと一緒に父の帰りを待ち、それから私たちは家族そろって食事し、クリスマスを迎えた。次の日の朝早く、私と弟は決まって枕元の靴下の中に、自分が前から欲しかったプレゼントを見つけた。もちろん私と弟は今では、私たちにプレゼントをくれたあのサンタクロースは実は父だったことを知っている。

これが私の家で、家には私を深く愛してくれる父と母がおり、数限りない温かく幸せな思い出がある。私はたとえ今外国にいても、クリスマスの時期が来るたびに、いつも我が家を思い出し、父・母と弟を思い出す。

新出単語

增添	zēngtiān	（動）	増やす、加える、添える
成员	chéngyuán	（名）	成員、構成員、メンバー
贸易	màoyì	（名）	貿易
哄	hǒng	（動）	あやす、すかす
盼望	pànwàng	（動）	待ち望む
迎接	yíngjiē	（動）	迎える
无数	wúshù	（形）	無数、数限りない

復習と練習

1. 请结合这张图片写一篇 80 字的短文。

2. 请结合下列词语（要全部使用）写出一篇 400 字左右的叙事短文。

下午　公园　盲人　烦恼　命运

参考解答と訳：

1. 以下の図に関連させて 80 字前後の短い文章を書きましょう。

最近，在公园入口处、小区草坪上、商场门口等地方，都立上了“禁止携犬进入”的警示牌。这是一种很好的做法，一方面可以保护环境卫生、保障公共安全，另一方面可以提醒人们要文明饲养宠物。（最近、公園の入口や、団地の芝生、ショッピングセンターの入口などの場所には、みな「犬を連れて入らないでください」という禁止表示が立っている。これはとてもよい方法で、環境の衛生を守り、公共の安全を守ることができる一方で、人々にマナーを守ってペットを飼うよう注意を促すこともできる）

2. 以下の単語（すべて使うこと）**と関連させて 400 字前後の叙事的な短い文章を書きましょう。**

下午，我独自坐在公园的椅子上，想着那令人难过的汉语水平考试成绩。

我努力了这么久，结果成绩却比任何一次都要差。如果这么久的努力只换来这样的成绩，我还应该继续留在中国吗？突然，一阵奇怪的声音传来。我抬起头，看到一个和我年龄差不多的女孩正向我这边走来，那声音就来自她手中的拐杖。她在离我不远的地方坐下，打开手中的书，十个手指在书上摸着。她是个盲人！我有些吃惊地看着她的双眼，那黑黑的眼睛中闪着智慧的光。天啊，那么美的眼睛，怎么会什么都看不见？我叹了口气，看来倒霉的人并不只是我一个。

我走过去用汉语和她打招呼，她便很友好地和我聊了起来。我把烦恼告诉了她，完全忘了她只是个陌生人。听了我的话，她微笑着说：“其实命运有时是不公平的，一切都得靠自己去争取。考不好怕什么，找到不足就赶快弥补！”

我仔细品味着她的话，她笑了笑，转身就要走。我要送她但被她拒绝了，她说她自己的路要自己走。我看着她渐渐走远，突然她又转过身来大声对我说：“做你自己的主人，别让命运摆布你！”

微风轻轻地吹来，我站起来，深吸了一口气，觉得一切都变得美丽起来。

午後、私は1人で公園のベンチに座り、あのつらい漢語水平考試の成績のことを考えていた。

私はこんなに長く頑張ってきたが、結局のところ成績はどの回よりも悪かった。もしこれほど長期間の努力がこんな成績にしかならないなら、私はまだ中国にとどまり続けるべきなのだろうか？ 急に、ある奇妙な音が聞こえてきた。頭を上げると、私と同じくらいの年齢の女の子が私の方に歩いてくるところで、その音は彼女が持っている杖から来ていた。彼女は私から遠くないところに座り、手に持った本を開き、10本の指で本の上を撫でている。彼女は目が不自由な人なのだ！ 私は少し驚いて彼女の両目を、その黒々とした瞳の中に知性の光が輝いているのを見た。ああ、あんなに美しい瞳が、どうして何も見えないのだろう？ 私はため息をつき、どうやら不運な人は私1人だけではないようだと思った。

私が歩み寄って中国語で彼女に声をかけると、彼女はすぐとても親しげに私とおしゃべりを始めた。私は悩みを彼女に打ち明け、彼女はただの見知らぬ人だということを完全に忘れてしまった。私の話を聞くと、彼女は微笑んで言った。「現実には運命は不公平なこともあるから、何事も自分で勝ち取らなくては。試験の成績が悪いなんて恐れることじゃない、足りないところが分かったらすぐに補えばいい！」

私が彼女の話をしみじみと味わっていると、彼女は笑って、身を翻して行こうとした。私は彼女を送って行こうとしたが彼女に断られ、彼女は自分の道は自分で歩くのだと言った。彼女がだんだん遠ざかっていくのを私が見ていると、彼女は急に振り向いて大声で私に言った。「あなたの人生の主人公になって、運命にあなたを操らせないで！」

そよ風がやさしく吹いてきて、私は立ち上がり、一息に深呼吸をすると、何もかもが希望にあふれ始めているのを感じた。

火曜日

文章の構成

話をしたり何かを行ったりするときには、何らかのルールや順序があります。文章も同じで、どんなものも一定のルールや順序に従って書かれています。ですから、与えられた文章の構成や組み立てが分かれば、主題に結びつく手がかりを素早く把握でき、その構造を論理的に理解できます。こうすれば、文章の中心となる内容がより記憶しやすくなり、再現する際により明確・正確に書くことができます。HSK6 級の作文で出題されるのは全てものごとの順を追って述べる文章で、叙述文に当たります。そのため、叙述文によく用いられる構成を知っておけば、文章の中心となる内容を把握しやすくなり、その構成に従って要約すればよいのです。

■要点のまとめ
叙述文の構成

❶ 叙述文とはどんなものか

叙述文とは、叙述・描写を主な表現方法とする文章のことです。

ものごとを記録することを主とする叙述文は叙事文と呼ばれ、叙述するものごとの発端・発展・経過・結果に重点が置かれます。

❷ 叙事文の構成の種類：

（1）時間の順序：時間の前後によって構成・段落分けします。

（2）空間の移動：空間の変化、場所の移動によって構成・段落分けします。

（3）内容の追求：ものごとの原因・経過・結果の順序や、人物の感情の変化のプロセスによって記述します。

（4）並列・結合：人物・事件・風景などの要素を組み合わせます。

実戦問題

请结合下列词语（要全部使用）写出一篇400字左右的叙事短文。

晚上7点　悉尼　麦克　电子邮件　希望工程

第一週 月 火 水 木 金 末
第二週 月 火 水 木 金 末
第三週 月 火 水 木 金 末

✦ヒントと参考解答訳：

以下の単語（すべて使うこと）と関連させて 400 字前後の叙事的な短い文章を書きましょう。

1. 与えられた単語を関連づけて、1 つの文にしましょう。

晚上 7 点, 麦克在悉尼给我发了一封电子邮件, 说他想要为“希望工程”做点事。(夜 7 時、マイクはシドニーで私に 1 通のメールを送り、「希望プロジェクト」のために何かしたいと言った)

2. 文に基づいて想像をめぐらせ、まとまった 1 つの出来事として展開して、ものごとが進行する順序とプロセスのとおりに並べましょう。

晚上 7 点开电脑（夜 7 時にパソコンを開く）——收到麦克的邮件（マイクのメールを受け取る）——我和麦克聊到“希望工程”(私はマイクと「希望プロジェクト」のことを話す)——麦克捐助小男孩（マイクは男の子を支援する）——我感觉世界像一个大家庭（私は世界は 1 つの大家族のようだと思う）

晚上 7 点，我一打开电脑，就发现有一封电子邮件，原来是麦克发来的。他是我在悉尼最好的朋友。

我 2005 年来到中国学习汉语，而麦克也通过我慢慢地了解了中国。他知道中国有悠久的历史、灿烂的文化，经济也在快速地发展着。他对中国的历史很感兴趣，总想找个机会到中国来玩玩。有一天，麦克忽然问我“希望工程”是什么。我回信告诉了他。他再来信的时候，直接要我给他联系一个上不起学的孩子。

第二天，我找到了一个安徽的小男孩，把他的资料发给麦克。从此以后，麦克每月通过互联网把钱和写满鼓励的信发给我，我再转寄给小男孩。同时，我再把小男孩的回信转发给麦克。看着麦克用不太熟练的中文写出的一封封信，我也感动万分。

一天早上，我在校园的广告栏上看到了一张招贴画。画的是 5 个不同肤色、不同发色的小孩子手拉手在地球上跳舞，白色的鸽子在四周飞翔。看着这幅画，我不禁想起了麦克常说的一句话：我们都是一家人嘛！是啊，地球很大，但世界很小，小得就像一个家。

夜 7 時、私はパソコンを開くと、1 通のメールに気づき、それはマイクが出したものだった。彼はシドニーでいちばんの私の友達だ。

私は 2005 年に中国に中国語の勉強に来て、マイクも私を通じて少しずつ中国のことを知った。彼は中国の悠久の歴史や、輝かしい文化や、経済も急速に発展していることを知った。彼は中国の歴史にとても興味を持ち、いつも機会を見つけて中国に遊びに来たいと考えていた。ある日、マイクは突然私に「希望プロジェクト」とは何かとたずねた。私は返信して彼に伝えた。彼は次にメールをくれたとき、学校に行けない子供を紹介してほしいと直接私に頼んだ。

翌日、私は安徽省のある男の子を見つけ、彼の資料をマイクに送った。この後、マイクは毎月インターネットを通じてお金と激励の言葉に満ちたメールを私に送り、私はそれを男の子に転送した。同時に、男の子の返信をマイクに転送した。マイクがぎこちない中国語で書いた一通一通のメールを見て、私も大いに心を動かされた。

ある朝、私はキャンパスの掲示板で 1 枚の絵入りのポスターを見かけた。描かれているのは肌の色と髪の色が違う 5 人の子供たちが手をつないで地球の上でダンスしている姿で、白いハトがまわりを飛んでいた。この絵を見て、私はマイクがいつも言っていることを思い出さずにいられなかった。僕たちはみんな家族じゃないか！ そうだ、地球は大きいが、世界は小さく、まるで 1 つの家のようだ。

新出単語

悠久	yōujiǔ	（形）	悠久
灿烂	cànlàn	（形）	きらびやかに輝く、光り輝く、きらめく
互联网	hùliánwǎng	（名）	インターネット
飞翔	fēixiáng	（動）	空中を旋回する、飛び回る
不禁	bùjīn	（副）	思わず……せずにいられない

復習と練習

1. 请结合这张图片写一篇 80 字的短文。

参考解答と訳：

1. 以下の図に関連させて 80 字前後の短い文章を書きましょう。

现在，北京的街道上摆放的基本都是可以分类的垃圾桶，这种垃圾桶不仅更加美观，还可实现垃圾分类。它分为“可回收”和“不可回收”两个桶，这样就能够对可回收的垃圾进行再次利用，避免浪费，从而更好地保护环境。

現在、北京の街路に置かれているのは基本的にみな分別可能なゴミ箱で、こういったゴミ箱は外観がより美しいだけでなく、ゴミの分別も実現できる。それは「回収利用可能」と「回収利用不可」の 2 つの箱に分かれ、こうすれば回収利用可能なゴミをリサイクルでき、浪費を防ぐことで、よりよく環境を保護することができる。

2. 请结合下列词语（要全部使用）写出一篇 400 字左右的叙事短文。

冬天的晚上　小吃店　老奶奶　流泪　幸福

2. 以下の単語（すべて使うこと）と関連させて 400 字前後の叙事的な短い文章を書きましょう。

一个冬天的晚上，一个自认为很不幸福的女孩又与母亲吵了一架，赌气离开了家。天很黑很冷，女孩不由自主地打了个寒战。忽然，她看见前面有一个小吃店，就走了进去，想买一碗面条。但当她掏钱时才发现，原来出门时忘了带钱。她很饿，可又不想回家，所以左右为难。

小吃店的老板是一位好心的老奶奶，她看到这样的情景很同情女孩。她对女孩说："我请你吃碗面条吧！"在这样的夜晚遇到这么好心的人，女孩感动得流泪了。她给老奶奶讲述了自己离家出走的原因。老奶奶听了以后语重心长地对女孩说："我只是请你吃了碗面条，你就感动得流泪，而你的母亲为你做了多少顿饭呢？你有没有因此感动过呢？"女孩愣住了。

当女孩急忙赶回家时，她看到母亲正焦急地在楼下呼喊着她的名字，四处寻找她。看见了女儿，母亲松了一口气，赶紧过去拉着她的手说："饭已经做好了，正等着你回来吃呢！快点，不然凉了对胃不好。"女孩又一次流泪了。她终于明白了，原来幸福一直都在她的身边，只是她没有感觉到而已。

ある冬の夜、自分がとても不幸だと思っている 1 人の女の子がまた母親とひとしきり言い争い、腹を立てて家を出た。日はとっぷりと暮れて寒く、女の子は思わず身震いをした。突然、彼女は目のまえに１軒の軽食店があるのを見つけ、歩いて入っていき、麺を１杯注文しようとした。だがお金を探ったときようやく、なんと出がけにお金を持ってくるのを忘れたことに気づいた。彼女は空腹だが、家に帰るのもいやだったので、どうすべきか困ってしまった。

軽食店の主人は人のいいおばあさんで、彼女はこの様子を見て女の子にとても同情した。彼女は女の子にこう言った。「私があんたに麺を１杯ご馳走しよう！」こんな夜にこれほどいい人に出会って、女の子は感動して涙を流した。彼女はおばあさんに自分が家を出た理由を話した。おばあさんはそれを聞くと女の子によくよく言って聞かせた。「私があんたに麺を１杯ご馳走しただけで、あんたは感動して泣いたけれど、お母さんは何度ご飯を作ってくれた？　あんたはそれで感動したことがあるのかい？」女の子は愕然とした。

女の子は慌てて家に戻ったとき、母親が落ち着かなげに建物の下で彼女の名を呼び、あちこち探しているのを見た。娘を見ると、母親はほっとして息をつき、急いでやって来て彼女の手を引いて言った。「もうご飯ができているわ、あなたが帰ってきて食べるのを待っていたところよ！早くしましょう、そうしないと冷めてしまってお腹に悪いから」女の子は再び涙を流した。彼女はとうとう、幸福は意外にもずっと自分の身近にあり、自分が気づかなかっただけだと知った。

水曜日

要約とは何か（一）

これまで学んだ作文の知識で、試験の準備はできました。ただし実際の試験では、まず原文も読解しなければなりません。しかも原文を読むさい、メモを取ってはいけません。つまり、10 分間で受験者がすべきことは、読解と記憶です。特に「記憶」は肝心で、できなければ答案を書くことはできません。では「何を記憶するのか」？ これが大事なポイントになります。ここからの学習で最も重要なことは、短時間で文章を読み解く技術です。これから学ぶ方法で、「要点をつかみ、記憶を強化する」コツをマスターしましょう。

■要点のまとめ
要約の知識

❶ 要約とは何か

要約とは、内容がやや複雑で長めの文章を短くまとめ、主な内容を保ちながら、決まった字数まで削ることです。

❷ 要約の条件

(1) もとの意味を保つ。（主題・中心となるテーマを変えない）
(2) 字数は条件に合わせる。（ここでは 400 字前後）
(3) できるだけ原文の順序を乱さない。（原文の叙述方法で構成を組み立てる）
(4) 主な内容だけを残し、修飾的な言葉を削る。
(5) 主題を明確にし、関係のない内容を削る。
(6) 時間・場所・人物・原因・経過・結果の 6 要素を明確にする。

実戦問題

■例文

一天中午，爸爸走进院子，看见女儿坐在凳子上，望着凤仙花上落着的两只蝴蝶出神，仿佛正在思索的雕塑。她的小脸上布满了疑云，头顶的羊角辫上还落着一只红蜻蜓。

爸爸忍不住笑了，他觉得自己的女儿像个小大人。记得去年有一天，女儿拿着一条绿色的带黑黄斑纹的大虫子问：“爸爸，这是什么？”那可是条有毒的大虫子，当时吓得他直冒冷汗。小时候他就曾经被那种虫子咬过，胳膊肿得很高，现在想起来身上还起鸡皮疙瘩呢。但他没有告诉女儿，怕吓坏她，就说：“把它喂鸡吃吧，鸡吃了下大蛋。”于是女儿把虫子放到地上，让大公鸡叼走了。

爸爸的脚步声打断了女儿的沉思，她张开双臂像只小鸟一样扑到爸爸怀里。爸爸把她举起来，又亲了亲她的脸说：“告诉爸爸，你又在想什么？”“这是秘密，不告诉你。”女儿仰起头说。“哈哈，我女儿长大了，也有秘密了。”女儿很严肃地说：“爸爸，我突然想到一个问题，可无论我怎么想，想得头疼都想不出答案。”爸爸问：“什么问题，不能告诉爸爸吗？”女儿闪着大眼睛一副很神秘的样子。

爸爸刚要转身进屋去，女儿突然拦住爸爸问：“爸爸，我是从哪里来的？”爸爸犹豫了，这个问题该怎么跟她说呢？摸着脑袋一时不知如何回答才好。“怎么，爸爸也不知道？”女儿撅起嘴问。爸爸说：“谁说我不知道，我亲眼看见你是从妈妈肚子里出来的。”

女儿心里还有许多疑团没解开：“我是怎么从妈妈肚子里出来的？我在妈妈肚子里能不能呼吸？在肚子里面吃什么呢？”她带着一大堆“为什么”去找妈妈，想问个明白，也好验证爸爸的话。吃完午饭，妈妈正在睡觉，女儿没有惊动妈妈，而是悄悄地掀起妈妈的衣服，想看看妈妈肚子上有没有洞。真奇怪，怎么就没有洞呢？

妈妈被惊醒了，用奇怪的眼神打量着女儿：“我歇一会儿你都不安稳，这么大了还摸妈妈肚子。”女儿说：“妈妈，不是，我是想看看你肚子上有没有洞。”“傻丫头，妈妈肚子上哪来的洞，要是有洞，肚子里的东西不是早就掉出来了？”妈妈说着把衣服掀起来，让女儿看。女儿很失望，说：“那爸爸说，我是从你肚子里出来的。”妈妈一愣，心里责怪起丈夫来，挺大个人怎么什么话都跟孩子说呢？可是自己又怎么才能跟孩子说明白呢？于是妈妈就说：“你爸爸是在骗你呢。”女儿说：“不，爸爸从来都不会骗我的。”妈妈笑了，她想起自己小时候，母亲生弟弟的时候，她一觉醒来发现家里多了一个肉嘟嘟的小弟弟，觉得很奇怪。于是她就跑去问母亲小弟弟是从哪里来的，母亲说是从垃圾堆里捡来的。

妈妈把女儿搂到怀里说：“让妈妈告诉你吧，你是从垃圾堆里捡来的。”“真的吗？”女儿睁大眼睛，十分吃惊。妈妈说：“那还有假，小孩子都是他爸妈从垃圾堆里捡来的。”

晚上，爸爸和妈妈从田地里收工回来，远远地就看见女儿拿着小锹在垃圾堆里努力地挖着，满头大汗，满脸灰土，而那里已经被挖出了一个洞来。爸爸问：“女儿，你在挖什么？”女儿说：“我要挖出个小妹妹，好跟我一起玩。”

爸爸看着妈妈，妈妈看着爸爸，两个人不知道从哪里说起，也不知道说什么才好，像两根木头一样愣在了那里。

✦ヒントと参考解答訳：

下の方法に従って、10分で文章の「要点」をつかみましょう。

1. 通読：まず分からない単語は飛ばし、素早く文章を読んで概略を理解し、テーマを明確にしましょう。（3分）

よけいな修飾フレーズや文を削ります。例えば“仿佛正在思索的雕塑……”（まるで思索している彫像のように……）、“闪着大眼睛一幅很神秘的样子”（謎めいた表情で大きな瞳を輝かせた）など。

2. 精読：6つの要素（時間・場所・人物・原因・経過・結果）を書き出しましょう。（4分）

時間：一天中午、晚上（ある日の昼、夜）

場所：院子里、垃圾堆（庭の中、ゴミの山）

人物：爸爸、女儿、妈妈（父親、娘、母親）

原因：女儿在思索（娘が考えごとをしていた）

経過：女儿问爸爸和妈妈自己是从哪里来的（娘は父親と母親に自分はどこから来たのかとたずねた）

結果：女儿相信了妈妈的话，想从垃圾堆挖出一个妹妹来（娘は母親の話を信じ、ゴミの山から妹を掘り出そうとした）

3. 文章の筋道を整理し、テーマと関係のない文を削って、書きながら記憶しましょう。（3分）

女儿在思索（娘が考えごとをしていた）

→爸爸问女儿（父親が娘にたずねた）

→女儿问爸爸（娘が父親にたずねた）

→爸爸回答女儿（父親は娘に答えた）

→女儿又去问妈妈（娘は今度は母親にたずねに行った）

→妈妈回答女儿（母親は娘に答えた）

→爸爸妈妈看到女儿挖洞（父親と母親は娘が穴を掘っているのを見た）

→女儿说要挖一个妹妹（娘は妹を掘り出したいと言った）

→爸爸妈妈愣了（父親と母親はあっけにとられた）

ある日の昼、父親は庭に入ってくると、娘が腰掛けに座り、ホウセンカにとまった２匹のチョウを、まるで思索している彫像のようにぼんやりと見つめているのを見かけた。彼女の小さな顔は不思議そうな表情にあふれ、頭のてっぺんでツノのように束ねた髪には赤トンボも１匹とまっていた。

父親はたまらず笑いだし、自分の娘は小さな大人のようだと思った。そういえば去年のある日、娘は黒と黄の入り乱れたしま模様のある緑色の大きな虫を持ってこう聞いた。「父さん、これは何?」それは何と毒のある大きな虫で、そのときは驚いて冷や汗をかいた。小さいころ、彼はそういう虫に噛まれて、腕がひどく腫れたことがあり、今思い出しても体に鳥肌が立つ。だが、彼は娘を驚かせまいと、そのことは伝えずこう言った。「それはニワトリに食べさせなさい、食べたら立派な卵を産むよ」そこで娘が虫を地面に置くと、大きなオンドリがそれをくわえて行った。

父親の足音が娘の考えごとを中断させ、彼女は小鳥のように両腕を広げて父親の懐に飛び込んできた。父親は彼女を抱き上げ、さらにその顔に口づけして言った。「父さんに教えて、おまえはいったい何を考えていたの?」「これは秘密よ、教えてあげない」娘は頭をそびやかして言った。「はは、私の娘は大きくなって、秘密ができたよ」娘は真面目くさって言った。「父さん、私は急に１つ分からないことができたんだけど、どんなに考えても、頭が痛くなるまで考えても答えが出ないの」父親は聞いた。「どんなことだい、父さんに教えてくれないのか?」娘は謎めいた表情で大きな瞳を輝かせた。

父親が身をひるがえして部屋を出ようとしたとき、娘は急に父親を引き止めてこう聞いた。「父さん、私はどこから来たの?」父親は、これをどう彼女に説明しようかとためらった。頭をかいてもどう答えたらよいかすぐに分からない。「そんな、父さんも分からないの?」娘は口を尖がらせて聞いた。父親は言った。「私が分からないものか、私はおまえが母さんのお腹から出てくるのをこの目で見たんだから」

娘の心の中にはまだ解けていない疑問がたくさんあった。「私はどうやって母さんのお腹から出てきたの?　私は母さんのお腹の中で息ができたの?　お腹の中で何を食べていたの?」彼女は山ほどの「なぜ」とともに母親のところに行き、はっきり聞いて、父親の話もよく確かめようとした。昼食を食べた後、母親は昼寝をしていたので、娘は母親を驚かせず、こっそりその服をめくって、母親のお腹に穴がないかどうか見ようとした。本当におかしい、どうして穴がないのだろう?

母親はびっくりして目を覚まし、いぶかしげな眼差しで娘をじろりと見た。「私がちょっと休んでいる間も大人しくしていないのね、こんなに大きくなってもまだ母さんのお腹を撫でたりして」娘は言った。「母さん、そうじゃないの、私は母さんのお腹に穴がないかどうか見たいの」「おばかさんね、母さんのお腹に穴があるものですか、もし穴があったら、お腹の中のものがとっくに出てきているでしょう?」母親はそう言いながら服をめくり、娘に見せた。娘はとてもがっかりして、こう言った。「だって父さんが、私は母さんのお腹から出てきたって言うの」母親はあきれて、内心で夫をとがめながら、いい大人がどうして何でも子供に話すのだろうかと思った。だが自分でも子供にどうしたらうまく説明できるだろうか? そこで母親は言った。「父さんはあなたに嘘をついているのよ」娘は言った。「違うわ、父さんは今まで私に嘘をついたことがないもの」母親は笑って、自分が幼いころを思い出した。母が弟を産んだとき、目覚めると家に丸々とした弟がいるのに気がつき、とても不思議に思った。そこで母に弟はどこから来たのかとたずねると、母はゴミの山から拾ってきたと答えたのだった。

母親は娘をふところに抱いて言った。「母さんが教えてあげるわ、あなたはゴミの山から拾ってきたのよ」「本当に?」娘は目を見開いて、びっくり仰天した。母親は言った。「嘘なものですか、子供はみんなその子の父さんと母さんがゴミの山から拾ってくるのよ」

夜、父親と母親が田畑から仕事を終えて戻ってくると、向こうの方で娘が小さなスコップを持って、ゴミの山で苦労して穴を掘っているのが見えた。汗びっしょりで、顔は泥だらけになり、そこにはすでに 1 つの大きな穴が掘られていた。父親は聞いた。「おまえ、何を掘っているんだい?」娘は言った。「妹を掘り出そうとしているの、私と一緒に遊びたいだろうと思って」

父親は母親を見つめ、母親は父親を見つめて、2 人はどこから話せばよいのか、どう言えばいいのかも分からず、あっけにとられて 2 本の木のようにその場に立ちつくしていた。

■参考解答

女儿的秘密

一天中午，爸爸看到女儿正在院子里思索，觉得女儿像个小大人。

爸爸问女儿在想些什么，女儿却说是秘密，不能告诉爸爸。

爸爸要走时，女儿还是忍不住问爸爸，她是从哪里来的。在女儿的追问下，爸爸告诉女儿，她是从妈妈的肚子里出来的。

可是，女儿的心里还有许多问题，她是怎么从妈妈肚子里出来的，在肚子里怎么呼吸，吃什么，等等。她去问妈妈。妈妈正在睡觉，女儿掀起妈妈的衣服，想看看妈妈肚子上有没有洞。

妈妈醒了，责怪女儿。女儿解释说，她那么做是要看妈妈的肚子上有没有洞。妈妈说自己肚子上没有洞，并且把衣服掀起来让女儿看。女儿很失望，告诉妈妈是爸爸说自己是从妈妈肚子里出来的。妈妈告诉女儿爸爸是在骗她。女儿不相信。妈妈只好告诉女儿她是从垃圾堆里捡来的。

晚上，爸爸和妈妈回来时看见女儿正拿着小锹，在垃圾堆里努力地挖洞，说她要挖出一个妹妹来陪她玩。

　　爸爸和妈妈两个人都愣在了那里。

娘の秘密

ある日の昼、父親は娘が庭の中で考えごとをしているのを見て、娘はまるで小さな大人のようだと思った。

父親は娘に何を考えているのか聞いたが、それは秘密で父さんには教えられない、と娘は言った。

父親が行こうとすると、娘はやはり我慢できずに、自分はどこから来たのかとたずねた。娘に問い詰められて、おまえは母親のお腹の中から来たのだと父親は答えた。

だが、娘の心にはまだ疑問がたくさんあった。自分はどうやって母親のお腹の中から出て来たのか、お腹の中でどうやって呼吸し、何を食べていたのか、などなど。彼女は母親に聞きに行った。母親は眠っているところで、娘は母親の服をめくり、そのお腹に穴がないかどうか見ようとした。

母親が目を覚まし、娘をとがめた。娘は、そうしたのは母さんのお腹に穴がないかどうか見たかったからだと言いわけした。母親は自分のお腹には穴はないと言って、さらに服をめくって娘に見せた。娘はとてもがっかりして、自分は母さんのお腹の中から来たと父さんが言ったのだ、と母親に言った。父さんはあなたに嘘をついているのよと母親は娘に言った。娘は信じなかった。母親は仕方なく、あなたはゴミの山から拾ってきたのよと娘に言った。

夜、父親と母親は戻ってくると、娘が小さなスコップを持って、ゴミの山の中で苦労して穴を掘っているのを見た。妹を掘り出して一緒に遊ぶのだと言って。

父親と母親は２人ともあっけにとられてその場に立ちつくしていた。

新出単語

（文章の概要をつかむテクニックが大事です。先に新出単語を調べないように！）

蝴蝶	húdié	（名）	チョウ、チョウチョウ
出神	chūshén	（動）	うっとりする、ぼんやりする
思索	sīsuǒ	（動）	思索する
雕塑	diāosù	（名）	彫塑、彫刻と塑造
忍不住	rěnbuzhù		こらえられない、たまらない
斑纹	bānwén	（名）	入り乱れたしま模様
胳膊	gēbo	（名）	腕
沉思	chénsī	（動）	沈思する、考えこむ
秘密	mìmì	（名）	秘密
副	fù	（量）	顔の表情
神秘	shénmì	（形）	神秘
犹豫	yóuyù	（動）	ためらう、躊躇する
脑袋	nǎodai	（名）	頭
如何	rúhé	（代）	どうですか、どのように、いかに、どうして
呼吸	hūxī	（動）	呼吸
验证	yànzhèng	（動）	検証する
惊動	jīngdòng	（動）	騒がす、驚かす
悄悄	qiāoqiāo	（副）	ひそひそと、こっそりと
掀起	xiānqǐ	（動）	巻き起こる、巻き起こす、盛り上がる、盛り上げる
眼神	yǎnshén	（名）	目付き、眼差し
打量	dǎliang	（動）	（人の身なりや姿を）観察する、じろじろ見る
歇	xiē	（動）	休む、休息する
傻	shǎ	（形）	馬鹿な、愚かに
责怪	zéguài	（動）	とがめる

復習と練習

1. 快速阅读下面的文章，列出时间、地点、人物和起因、经过、结果。

一次，拿破仑打猎的时候，看到一个落水的男孩一边高呼救命，一边拼命挣扎。这条河并不深，拿破仑不但没有跳水救人，反而端起猎枪，对准落水者，大声喊道："你要是不自己游上来，我就把你打死在水中。"那男孩见求救没用，只好更加拼命地向岸边游，终于游上了岸。

时间：________

地点：________

人物：________

起因：________

经过：________

结果：________

参考解答と訳：

1. 下の文章をすばやく読んで、時間・場所・人物・原因・経過・結果を書き出しましょう。

時間：打猎的时候（狩りをしているとき）

場所：河边（川辺）

人物：拿破仑、男孩（ナポレオン、男の子）

原因：男孩落水（男の子が溺れた）

経過：男孩求救、拿破仑不救（男の子は助けを求め、ナポレオンは助けなかった）

結果：男孩自己游上岸（男の子は自分で岸に泳ぎ着いた）

一度、ナポレオンは狩りをしているときに、1人の溺れた男の子が盛んに助けを求めながら懸命にもがいているのを見かけた。この川はそれほど深くなく、ナポレオンは水に飛び込んで助けなかったばかりでなく、猟銃を構えて溺れている子に狙いを定め、大声で叫んだ。「もし自分で泳いで来なければ、君を水中で撃ち殺すぞ」その男の子は助けを求めても無駄なのを知ると、さらに懸命になって岸に向かって泳ぐほかなく、ついに岸に泳ぎ着いた。

2. 列出下面文章的叙述顺序。

有一年夏天，曹操率领部队出征走错了路，天热得出奇，他们一直找不到水，士兵们渴得嗓子都快冒烟了，行军的速度也慢了下来，有几个体弱的士兵甚至晕倒在路边。曹操见状心里很是着急，他脑筋一动，办法来了，他一夹马肚子，快速赶到队伍前面，用马鞭指着前方对士兵们说：“士兵们，我知道前面有一大片梅林，那里的梅子又大又好吃，我们赶快赶路，绕过这个山丘就到梅林了！”士兵们一听，便联想到梅子的酸味，顿时流出了口水，也不感到那么渴了。于是，队伍士气大振，步伐不由得加快了许多，又继续向前走了几十里路，终于找到了水源。这就是家喻户晓的“望梅止渴”的故事。

____
→____________________
→____________________
→____________________

参考解答と訳：

2. 下の文章の叙述の順序を書き出しましょう。

曹操领兵出征走错了路（曹操は兵士を率いて出征し道を誤った）
→士兵们口渴（兵士たちは喉が渇いた）
→曹操告诉士兵们前面有梅林（曹操は兵士たちに前方に梅林があると言った）
→士兵们一听，士气大振（兵士たちはこれを聞くと、大いに士気が上がった）
→终于找到了水源（ついに水場にたどり着いた）

ある年の夏、曹操は部隊を率いて出征して道を誤った。天気が思いのほか暑く、彼らはずっと水にありつけず、兵士たちは喉が渇いてカラカラになって、行軍の速度も遅くなり、体の弱い兵士の中には路傍に倒れる者もいた。曹操はこの様子を見て心中とても焦り、機転を利かせて、解決法を考え出した。彼は馬の腹を強く押さえつけると、素早く部隊の前に走り、馬のムチで前方を指して兵士たちに言った。「兵士たち、前方には大きな梅林があって、そこの梅は大きくて美味いのを私は知っている。我々は道を急ごう、この丘を過ぎればすぐにその梅林だ！」兵士たちはこれを聞くと、梅の酸味を思い浮かべ、たちまち涎が流れて、それほど渇きを感じなくなった。こうして、部隊の士気は大いに上がり、思わず歩みもずいぶん速くなって、さらに前方に数十里歩き、ついに水場にたどり着いた。これがよく知られる「望梅止渇」（梅を望んで渇きを止む）の故事である。

3. 缩写（把下面这篇 250 字的文章缩写成 150 字左右的短文）。

宋太宗是宋朝的第二位皇帝。相传有一天，宋太宗与两位功勋卓著的大臣一起喝酒，边喝边聊，非常尽兴，结果这两位大臣不知不觉都喝醉了，竟然在皇帝的面前比起功劳来。他们越比越来劲儿，最后干脆斗起嘴来，完全忘了在皇帝面前应有的君臣礼节。侍卫在旁边看着，觉得他们俩实在不像话，便奏请宋太宗，要将这两人抓起来送吏部治罪。宋太宗没有同意，只是草草撤了酒宴，派人分别把他俩送回了家。

第二天上午，他们俩都从沉醉中醒来，想起昨天的事，惶恐万分，连忙进宫请罪。宋太宗看着他们战战兢兢的样子，便轻描淡写地说："昨天我也喝醉了，什么都记不起来了。"

参考解答と訳：

3. 要約しましょう（下の 250 字の文章を 150 字前後の短い文章に要約すること）。

宋太宗是宋朝的皇帝。有一天，他与两个大臣一起喝酒，结果两个大臣都喝醉了，竟然当着皇帝的面比起功劳来，甚至忘了君臣礼节，吵起架来了。宋太宗没有怪罪他们，而是派人分别把他俩送回了家。

第二天上午，他们俩酒醒后，想起昨天的事都非常害怕。宋太宗看到他们害怕的样子，只是说："昨天我也喝醉了，什么都记不起来了。"

宋の太宗は宋朝の皇帝である。ある日、彼が 2 人の大臣とともに酒を飲んだところ、その大臣たちはどちらも酔っ払ってしまい、なんと皇帝の面前で手柄くらべを始め、君臣の礼儀さえも忘れて口喧嘩を始めた。宋の太宗は彼らを責めることなく、人に命じて彼らをそれぞれ家に送って行かせた。

あくる日の午前、彼ら2人は酒の酔いから醒めた後、昨日のできごとを思い出して恐れおののいた。宋の太宗は彼らが恐れている様子を見て、ただこう言った。「昨日はわしも酔っていて、何も思い出せない」

■全訳

宋の太宗は宋朝の第2代の皇帝である。伝わるところによればある日、宋の太宗は2人の勲功著しい大臣とともに酒を飲んでいた。飲みながら話し、すっかり楽しんでいたところ、この2人の大臣はどちらもいつの間にか酔ってしまい、なんと皇帝の面前で手柄くらべを始めた。彼らはますます力が入り、最後には遠慮せず口喧嘩になって、皇帝の前で行うべき君臣の礼儀を完全に忘れてしまった。護衛は傍らでこれを目にして、この2人は全くなっていないと思い、宋の太宗に奏上し、彼らを捕えて吏部［官吏の任免を司る役所］に送り処罰しようとした。宋の太宗は同意せず、ただ酒宴を早々に終えて、人に命じて彼ら2人をそれぞれ家に送って行かせた。

あくる日の午前、彼ら2人はどちらも泥酔から目覚めると、昨日のできごとを思い出して恐れおののき、慌てて宮廷に謝罪に赴いた。宋の太宗は彼らの戦々兢々とした様子を見て、お茶を濁すようにこう言った。「昨日はわしも酔っていて、何も思い出せない」

木曜日

要約とは何か（二）

HSK6級の作文では、35分間で1篇の文章を要約しようとすれば、要約の方法とテクニックを身につけることがとても重要になります。つまり、1000字の文章を400字に要約するには、2つのテクニックが必要です。第1に、原文の内容を削りつつ、文章のテーマと中心となる主旨を変えないこと。第2に、叙述の概略をまとめつつ文章の構成を明確にし、同時に内容の主要な幹となる部分を残して原文と一致させること。それでは、このテクニックを学びながら、本に沿って文章の要約をしていきましょう！

■要点のまとめ
要約のテクニック

❶ 主要な幹を残し、枝葉を削る。

文章の要約では、重要でない人物や事件、その説明や詳細などを削り、主要な内容を残します。

❷ 人物の発言を短くまとめる。

叙述の中では、直接話法を間接話法に変え、人物の発言をできるだけ短くまとめます。こうすると、プロットに一貫性が生まれ、言葉も簡潔になります。

❸ 文章の筋道を明確にする。

文章の要約では、主要な文脈を明確に、完全に保ちます。特に物語の6つの要素（時間・場所・人物・原因・経過・結果）を損なわず、読んだ人が原文の概略を理解できるようにします。

❹ 内容と原文を基本的に一致させ、複数の解釈が生まれないようにする。

実戦問題

■**例文**

除了餐具碰撞发出的“叮叮咚咚”声，婚礼现场一片寂静……2015 年 4 月 12 日，一场无声的婚礼在山东省青岛市的一家酒店举行。不到 30 平米的场地、5 桌酒席、40 位客人，大伙儿打着手语，向新人送上祝福。

这场婚礼的新郎是 53 岁的土耳其大叔许斯尼（本名 Husnu Yoruk），而新娘则是 58 岁的青岛大妈李玉新，他们都是生活在无声世界里的聋哑人。

几年前，在朋友的介绍下，土耳其人许斯尼和青岛人李玉新谈起了一场相隔万里的跨国网恋。2010 年，两人在北京见面了。许斯尼对李玉新一见钟情，年过五旬的他不顾家人的反对，只身一人来到青岛，追寻自己的幸福。

许斯尼曾是一位飞机机械师，在伊斯坦布尔的机场工作，曾经有过一段婚姻，但并不幸福，而他的经历和远在中国青岛的李玉新格外相似。“从网上聊天就可以看出，她心地善良，第一眼看到她，我就决定跟她走。”

为了准备这场婚宴，夫妻俩忙了半个月。为了和李玉新在一起，许斯尼花了两年时间学习中国聋哑人的手语交流方式。与此同时，为了照顾许斯尼的饮食习惯，李玉新也学着做起了西餐，两个人互相弥补、互相学习。和李玉新在一起后，许斯尼每天都会给太太写一封情书，这些情书让李玉新倍感温暖。

2014 年底，许斯尼和李玉新领了结婚证，没有轰轰烈烈的求婚过程，两个人就这么平平淡淡地走到了一起。

二人坐在主人的位置上，挥舞着手臂，示意大家举杯。现场仍是一片安静。

宴席上，李玉新的朋友用手语“朗读”自己写的祝贺词。

宾客们举杯庆祝，并用手语送上祝福。夫妻二人也举起了酒杯。婚宴结束后，大家纷纷和新人合影留念。

朋友们陆续离场，许斯尼站在角落里，虽然略显疲惫，但仍然掩盖不住他的喜悦。

婚后，李玉新和许斯尼经常出去散步、爬山、逛公园，两人每天都在一起。这对“老新人”十分恩爱，无论去哪儿都是手牵手。

生活在青岛，处处都让许斯尼感到新奇。包饺子、煮面条、饭后散步、去菜市场买菜，在李玉新的帮助下，他正在慢慢适应一切。

家里常常有人来做客，夫妻俩会热情地招待。客人们大多会问起他们的恋爱经历，说起这些，他们会手舞足蹈，满脸兴奋地描述一番。

如今，两人的爱情已经在中国落地生根，许斯尼的家人也渐渐接受了李玉新。他的家人表示，如果三年之后两人还是如此相爱，他们希望李阿姨能够去土耳其定居。

说起未来的异国生活，李玉新并不担心。她说，只要两个人在一起，就一切都好。

✦ヒントと参考解答訳：

下の方法に従って、10 分で文章の「要点」をつかみましょう。

1. 通読：まず分からない単語は飛ばし、素早く文章を読んで概略を理解し、テーマを明確にしましょう。（3 分）

文章の末尾はテーマがまとめて書かれていることが多いため、よく理解して記憶しましょう。同時に、HSK で求められているように個人的な観点を加えず、できるだけ元の文章の言葉、意味を保つようにします。

2. 精読：6 つの要素（時間・場所・人物・原因・経過・結果）を書き出しましょう。（4 分）

時間：2015 年 4 月 12 日、几年前、2010 年、2014 年底（2015 年 4 月 12 日、数年前、2010 年、2014 年末）

場所：山东省青岛市的一家酒店、青岛、土耳其（山東省青島市のあるホテル、青島、トルコ）

人物：新郎许斯尼、新娘李玉新、朋友、家人、宾客们（新郎の許斯尼、新婦の李玉新、友人、家族、招待客）

原因：一场无声的婚礼在山东省青岛市的一家酒店举行（ある音のない結婚式が山東省青島市のとあるホテルで行われた）

経過：在朋友的介绍下，许斯尼和李玉新谈起了跨国网恋（友人の紹介のもと、許斯尼と李玉新は国際ネット恋愛を始めた）

結果：两人的爱情已经在中国落地生根（2 人の愛情はすでに中国に根付いている）

3. 文章の筋道を整理し、テーマと関係のない文を削って、書きながら記憶しましょう。（3 分）

一场无声的婚礼在山东省青岛市的一家酒店举行（ある音のない結婚式が山東省青島市のとある結婚式場で行われた）

→几年前，在朋友的介绍下，许斯尼和李玉新谈起了跨国网恋（数年前、友人の紹介のもと、許斯尼と李玉新は国際ネット恋愛を始めた）

→ 2010 年两人在北京见面了（2010 年に 2 人は北京で顔を合わせた）

→ 2014 年底许斯尼和李玉新领了结婚证（2014 年末に許斯尼と李玉新は結婚証明書を取得した）

→如今两人的爱情已经在中国落地生根（今では 2 人の愛情はすでに中国に根付いている）

食器がぶつかって立てる「カチャカチャ」という音のほか、結婚式場は静寂に包まれていた……2015 年 4 月 12 日、ある音のない結婚式が山東省青島市のホテルで行われた。会場は 30 平方メートルに満たず、テーブルは 5 つ、客は 40 人で、みな手話を使って、新郎新婦を祝福した。

この結婚式場の新郎は 53 歳のトルコ人男性である許斯尼（本名 Hunnu Yoruk）、新婦は 58 歳の青島の女性である李玉新で、彼らは音のない世界で生活する聴覚障害者だった。

数年前、友人の紹介のもと、トルコ人の許斯尼と青島人の李玉新は 1 万里〔5000 キロ〕も隔てた国際ネット恋愛を始めた。2010 年、2 人は北京で顔を合わせた。許斯尼は李玉新に一目で恋に落ち、50 代の彼は家族の反対をも顧みず、たった 1 人で青島にやってきて、自らの幸福を追い求めた。

許斯尼はかつて飛行機の機械技師で、イスタンブールの飛行場で働いていた。しばらく結婚していたことはあったが、必ずしも幸福ではなく、彼の身の上は遠く中国の青島で暮らす李玉新ととても似通っていた。「ネットで話すうちに、彼女は気立ての優しい人であることが分かり、初めて彼女に会ったとき、彼女と一緒に歩もうと決めたのです」

この結婚披露宴の準備をするため、夫婦 2 人は半月を忙しく過ごした。李玉新とともに過ごすため、許斯尼は 2 年の期間を費やして中国の聴覚障害者の手話での交流方法を学んだ。それと同時に、許斯尼の飲食習慣に配慮するため、李玉新も勉強して西洋料理を作りはじめ、2 人は互いに助け合い、互いに学びあった。李玉新と一緒に過ごすようになると、許斯尼は毎日のように妻に 1 通のラブレターを書き、こういった手紙は李玉新にますます心の温もりを感じさせた。

2014 年末、許斯尼と李玉新は結婚証明書を取得し、熱烈なプロポーズを経ずに、2 人はこうして淡々とともに歩んだ。

2 人はホストの席につき、手を振りかざして、人々に祝杯を挙げる合図をした。会場はやはり静まり返っていた。

宴席では、李玉新の友人が手話で自分の祝福のメッセージを「朗読」した。

ゲストたちは杯を挙げて祝い、手話で祝福を送った。夫婦 2 人も酒杯を挙げた。結婚披露宴が終わると、人々は次々に新郎新婦と記念写真を撮った。

友人たちが一人また一人と会場を後にすると、許斯尼は片隅に立ち、わずかに疲れは感じているものの、まだ自分の喜びを抑えきれなかった。

結婚後、李玉新と許斯尼はいつも散歩やハイキングに行ったり、公園を歩いたりして、毎日つねに 2 人で一緒に過ごした。こういったことは「遅れてきた新郎新婦」にはとても仲むつまじいことで、どこへ行くにも手をつないで行った。

青島での生活は、何もかもが許斯尼には新鮮に感じられた。餃子を作り、麺をゆで、食後は散歩し、市場に野菜を買いに行き、李玉新の手助けのもと、彼は何事にもゆっくりと馴染んでいるところだ。

家にはよく来客があり、夫婦 2 人は心を込めてもてなした。来客たちはたいてい彼らの恋愛の過程をたずね、その話をするとき、彼らは有頂天になり、満面の張り切った表情で説明した。

今では、2 人の愛情はすでに中国に根付き、許斯尼の家族も少しずつ李玉新を受け入れている。彼の家族は、もし 3 年経っても 2 人がこうして変わらず愛し合っていれば、李さんがトルコに来て定住してくれたらと願っている。

将来の異国での生活について、李玉新は決して心配はしていない。2 人が一緒にいさえすれば、すべて上手くいく、と彼女は言う。

■参考例文

无声的婚礼

2015年4月12日，一场无声的婚礼在山东省青岛市的一家酒店举行。客人们打着手语，向新人送上祝福。

这场婚礼的新郎是53岁的土耳其大叔许斯尼，而新娘则是58岁的青岛大妈李玉新，他们都是聋哑人。

几年前，在朋友的介绍下，许斯尼和李玉新谈起了跨国网恋。2010年，两人在北京见面了。许斯尼对李玉新一见钟情，他不顾家人的反对来到青岛。

许斯尼曾是一位飞机机械师，他以前的婚姻并不幸福，李玉新的经历也一样。李玉新心地善良，许斯尼第一眼看到她就决定跟她在一起。许斯尼花了两年时间学习中国聋哑人的手语交流方式，李玉新也学着做起了西餐，两个人互相弥补、互相学习。2014年底，许斯尼和李玉新领了结婚证，两个人就这么平平淡淡地走到了一起。

宴席上，宾客们举杯庆祝，并用手语送上祝福，大家纷纷和新人合影留念。

婚后，两人每天都在一起，十分恩爱。如

今，两人的爱情已经在中国落地生根，许斯尼的家人也渐渐接受了李玉新。他们希望李阿姨能够去土耳其定居。

　　说起未来的异国生活，李玉新并不担心。她说，只要两个人在一起，就一切都好。

音のない結婚式

2015年4月12日、ある音のない結婚式が山東省青島市のとある結婚式場で行われた。招待客たちは手話を使って、新郎新婦に祝福を送った。

この結婚式の新郎は53歳のトルコ人男性である許斯尼、新郎は58歳の青島の女性である李玉新で、彼らはいずれも聴覚障害者だ。

数年前、友人の紹介のもとで、許斯尼と李玉新は国際ネット恋愛を始めた。2010年、2人は北京で顔を合わせた。許斯尼は李玉新に一目で恋に落ち、家族の反対を顧みず青島にやって来た。

許斯尼はかつて飛行機の機械技士で、それまでの結婚は必ずしも幸せではなく、李玉新の身の上も彼と同様だった。李玉新は気立てが優しく、許斯尼は初めて彼女に会ってすぐ一緒になろうと決心した。許斯尼は2年の期間を費やして中国の聴覚障害者の手話での交流方法を学び、李玉新も勉強して西洋料理を作り始め、2人は助け合い、学びあった。2014年の末、許斯尼と李玉新は結婚証明書を取得し、2人はこうして淡々とともに歩んだ。

宴席で、招待客たちは杯を挙げて祝うとともに、手話で祝福を贈り、人々は次々に新郎新婦と記念撮影をした。

結婚後、2人は毎日のように一緒に過ごし、とても仲むつまじい。今では、2人の愛情はもう中国に根付き、許斯尼の家族も徐々に李玉新を受け入れている。彼らは李さんがトルコに来て定住してくれたらと願っている。

将来の異国での生活について、李玉新は決して心配はしていない。2人が一緒にいさえすれば、すべて上手くいく、と彼女は言う。

新出単語

（文章の概要をつかむテクニックが大事です。先に新出単語を調べないように！）

餐具	cānjù	（名）	食器
无声	wúshēng	（形）	サイレント
酒席	jiǔxí	（名）	宴席
手语	shǒuyǔ	（名）	手話
本名	běnmíng	（名）	本名
聋哑人	lóngyǎrén	（名）	聴覚障害者
相隔	xiānggé	（動）	（時間・距離）を隔てる
跨国	kuàguó	（形）	多国籍
网恋	wǎngliàn	（名）	ネット恋愛
一见钟情	yíjiàn-zhōngqíng	（成）	一目ぼれ
旬	xún	（名）	10年を1“旬”として年齢を示す単位
只身	zhīshēn	（名）	単身、一人で
追寻	zhuīxún	（動）	尋ねる
机械师	jīxièshī	（名）	機械技師
心地	xīndì	（名）	気性、気立て
婚宴	hūnyàn	（名）	結婚披露宴
倍感	bèigǎn	（動）	ますます……と感じる
轰轰烈烈	hōnghōng-lièliè	（形）	規模が雄大で勢いのすさまじいさま
平平淡淡	píngpíng-dàndàn	（形）	ありきたりで変化に乏しい
挥舞	huīwǔ	（動）	（手を）振る
举杯	jǔbēi	（動）	祝杯を挙げる
留念	liúniàn	（動）	記念
陆续	lùxù	（副）	続々と
略	lüè	（副）	わずかに
手舞足蹈	shǒuwǔ-zúdǎo	（成）	有頂天になるさま

復習と練習

1. 快速阅读下面的文章，列出时间、地点、人物和起因、经过、结果。

每天，当太阳升起来的时候，非洲大草原上的动物们就开始奔跑了。在一个场地上，狮子妈妈在教育自己的孩子："孩子，你必须跑得快一点，再快一点，你要是跑不过最慢的羚羊，你就会被饿死。"在另外一个场地上，羚羊妈妈也在教育自己的孩子："孩子，你必须跑得快一点，再快一点，如果你不能比跑得最快的狮子还要快，那你肯定会被它们吃掉。"听了妈妈的话，小狮子和小羚羊更加快速地奔跑起来。

时间：__________

地点：__________

人物：__________

起因：__________

经过：__________

结果：__________

参考解答と訳：

1. 下の文章をすばやく読んで、時間・場所・人物・原因・経過・結果を書き出しましょう。

時間：每天（毎日）、太阳升起来的时候（太陽が昇るころ）

場所：非洲大草原（アフリカの大草原）

人物：狮子妈妈和孩子、羚羊妈妈和孩子（ライオンの母と子、カモシカの母と子）

原因：动物们开始奔跑（動物たちが走りはじめた）

経過：狮子妈妈和羚羊妈妈教育自己的孩子（ライオンの母親とカモシカの母親が我が子を教育した）

結果：小狮子和小羚羊快速奔跑（子ライオンと子カモシカは速く走った）

毎日、太陽が昇るころには、アフリカの大草原の動物たちは走りはじめる。ある場所で、ライオンの母親は我が子を教育していた。「おまえ、もう少し速く、もっと速く走らなくては。もしいちばんのろまのカモシカに敵わないようなら、餓え死にしてしまうよ」また別の場所では、カモシカの母親が我が子を教育していた。「おまえ、もう少し速く、もっと速く走らなくては。いちばん速いライオンより速く走れなければ、きっと奴らに食べられてしまうよ」母親の話を聞いて、子ライオンと子カモシカはさらに速く走りはじめた。

2. 列出下面文章的叙述顺序。

一位年轻的炮兵军官上任后，到下属部队视察情况，发现有几个部队操练时有一个共同的情况：在操练中，总有一个士兵自始至终站在大炮的炮筒下，纹丝不动。

经过询问，军官得到的答案是：操练条例就是这样规定的。原来，他们遵守的条例还是马拉大炮时代的规则。当时站在炮筒下的士兵的任务是拉住马的缰绳，防止大炮发射后因后坐力产生距离偏差，减少再次瞄准的时间。现在大炮不再需要这一角色了，但条例没有及时调整，出现了不拉马的士兵。这位军官的发现使他受到了国防部的表彰。

______

→______

→______

→______

参考解答と訳：

2. 下の文章の叙述の順序を書き出しましょう。

炮兵军官视察（砲兵隊の将校の視察）

→发现一个情况（ある現象に気づいた）

→询问后发现问题（聞いてみて問題を発見した）

→军官受到表彰（将校は表彰を受けた）

ある若い砲兵隊の将校が就任して、配下の部隊に状況視察に出かけ、いくつかの部隊の訓練で同じ 1 つの現象があるのに気づいた。訓練中、いつも 1 人の兵士が最初から最後まで大砲の砲身の下に立っていて、微動だにしなかった。

聞いてみて、将校が得た答えは、訓練の規定でそう決められているということだった。なんと、兵士たちが従っている規定は馬引きの大砲の時代の規定だった。当時、砲身の下に立つ兵士の任務は馬の引き綱を押さえていることで、大砲を発射した後に反動力によって距離のずれが生じるのを防ぎ、次に照準を合わせる時間を短縮した。現在の大砲ではこの役割はもう不要になったが、規定がすぐに訂正されず、馬を引かない［のに立っている］兵士が現れたのだ。この将校の発見は、国防部の表彰を受けた。

3. 缩写（把下面这篇 300 字的文章缩写成 200 字左右的短文）。

30 年前，一个年轻人离开故乡，开始自己创业。他动身前，先去拜访了他们族的族长，请求指点。老族长正在练字，他听说族里有位后辈要踏上新的人生旅途了，就写了三个字：不要怕。然后，族长抬起头来，望着年轻人说："孩子，人生的秘诀只有六个字，今天先告诉你三个，足够你用半生了。" 30 年后，这个年轻人已是人到中年，有了一些成就，也有了很多伤心事。一次，回到家乡，他又去拜访那位族长。他到了族长家里，才知道老人家几年前已经去世，家人取出一个密封好的信封对他说："这是族长生前留给你的，他说有一天你会再来。" 他这才想起来，30 年前他在这里看到过人生的一半秘诀，于是他连忙拆开信封，发现上面又是三个大字：不要悔。

参考解答と訳：

3. 要約しましょう（下の 300 字の文章を 200 字前後の短い文章に要約すること）。

30 年前，一个年轻人离开家乡去创业。他动身前先拜访了族长，请求指点。当时族长正在练字，于是给他写了三个字"不要怕"。告诉他人生的秘诀只有六个字，现在的这三个够他用半生了。30 年后，年轻人有了一些成就，也有了伤心事。回到家乡，又去拜访族长，可是族长已经去世。族长的家人交给他一封信，说是族长知道他会再来，所以特意留给他的。年轻人想起以前看过人生的一半秘诀，于是打开信，又看到了三个大字"不要悔"。

30 年前、ある若者が故郷を離れて事業を起こすことにした。彼は出発前にまず長老を訪ね、教えを求めた。そのとき長老は習字をしており、彼のために「不要怕」[恐れるな] という 3 文字を書いた。人生の秘訣は 6 文字しかなく、この 3 文字は半生のあいだ用いるに十分だ、と彼に言った。30 年後、若者はある程度の成果を収め、また心を痛めることもあった。故郷に戻り、再び長老を訪ねたが、長老はすでに世を去っていた。長老の家族が彼に 1 通の手紙を手渡し、長老は彼が再び来ることを知っていたため、わざわざ彼に残したという。若者は昔、人生の前半の秘訣を見たことを思い出した。そこで手紙を開くと、今度は「不要悔」［悔いるな］という 3 つの大きな文字を目にした。

■全訳

30 年前、ある若者が故郷を離れ、自ら事業を始めることにした。彼は出発する前、まず一族の長老を訪ね、教えを求めた。長老は習字をしているところで、彼は一族の後進が新たな人生の旅に出発しようとしているのを聞き、「不要怕」［恐れるな］という 3 つの文字を書いた。それから、長老は顔を上げて、若者を見て言った。「お若いの、人生の秘訣は 6 文字のみだ。今日はまず3文字を教えた、半生のあいだ用いるに十分だろう」30 年後、この若者はすでに中年となり、ある程度の成果を収めたが、心を痛めることも多くあった。あるとき、故郷に帰り、再びあの長老を訪ねた。彼は長老の家に着いて、老人が数年前に世を去ったことをようやく知った。家族は 1 通のしっかり封のされた手紙の封筒を取り出して彼に言った。「これは長老が生前にあなたに残したもので、いつかあなたが再びやってくるだろうと言っていました」こうして彼は、30 年前に自分がここで人生の前半の秘訣を目にしたことを思い出した。そこで慌てて封筒を開くと、そこに今度は「不要悔」［悔いるな］という3つの大きな字が書かれていた。

金曜日

要約の６要素

HSK6 級の作文で与えられる素材は、1000 字の叙事的な文章です。いわゆる叙事的な文章とは、叙述文の中で、ものごとの記録を主とする文章のことです。叙述文では、文章を読むときにも再現・要約するときにも、６要素を明確にすることが求められます。これまでのトレーニングでは、それぞれの文章を要約する前に文章の６要素を列挙していただきましたので、６要素とは何かはもうだいたいお分かりでしょう。でも、要約のなかで具体的にはどのように６要素を活用するのでしょうか？ どうやって文章の構成のなかで自然に並べるのでしょうか？ ６要素をうまく並べることで、どうやって文章をより論理的に、抜け漏れなくするのでしょうか？ 今日は、叙述文の魂であるこの「６要素」をじっくり見ていきましょう。

■要点のまとめ
要約の６要素

要約の６要素とは？

６要素とは、時間・場所・人物・原因・経過・結果を指し、要約ではこの要素を欠かさないだけでなく、これらを明確に、はっきりと書く必要があります。

(1) 時間：文章中の出来事がいつ起こったのか。文章中で書くのは、１つの時間のみでも、複数の時間でもかまいません。

(2) 場所：出来事がどこで起こったのか。文章中で書くのは、１つの場所のみでも、複数の場所でもかまいません。

(3) 人物：出来事にはどんな人物が登場するのか。人物は大切な要素なので、詳しく、具体的に書きます。

(4) 原因・経過・結果：出来事がどのように起こり、どんな経過をたどり、どんな結果になったか。

これが文章の要約の中で肝心な６つの要素であり、主要な内容でもあります。

優れた要約の文章は、原因と結果がしっかりと結びつき、経過が漏れなく書かれ、かつ原因と結果の文脈に一貫性がなくてはなりません。

実戦問題

■例文

有一个国王，他有一个特别的“爱好”，就是特别喜欢听别人的奉承，讨厌听到别人的劝告和反面的意见。在他的身边围满了只会奉承、不会治理国家的小人。在这些人的破坏下，国家很快就走向了灭亡。国家被敌人占领的那一天，那一群误国之臣也一个个离开了国王，没有一个人愿意带着国王逃跑。不过，总算有一个好心的车夫驾着马车带着国王逃了出来。

车夫驾着马车，带着国王逃到离王宫很远的荒郊野外停了下来。国王这时已经又渴又饿了，垂头丧气的。车夫赶紧拿来车上的食品袋，送上清酒、肉脯和干粮，让国王享用。国王感到很奇怪：车夫从哪里弄来的这些食物呢？于是他在吃饱喝足以后，便擦擦嘴问车夫：“你是从哪里弄来这些东西的呢？”

车夫回答说：“禀告国王，这些东西是我很早以前就准备好的。”

国王又问：“你为什么会事先做好这些准备呢？”

车夫回答说:“我是专替国王您准备的，这样在逃亡的路上，您就不会饿肚子了。”

国王听到这里，感到很不高兴，又问：“你怎么知道我会有逃亡的这一天呢？”

车夫回答说：“我估计迟早会有这一天。”

国王生气了，不满地说：“既然这样，为什么过去不早点告诉我？”

车夫说：“国王您只喜欢听奉承的话。如果给您提意见的话，哪怕再有道理，您也不爱听。我只是一个小小的车夫，要是我给您提意见，您一定更听不进去，说不定还会把我处死。要是那样，您今天就会连一个跟随您、照顾您的人也没有了，更不用说来给您吃的、喝的了。”

国王听到这里，感到非常的气愤，他涨红着脸，指着车夫大声吼叫。

车夫看到这样的情景，才知道这个昏君死到临头还不愿意悔改，觉得他已经是无可救药了。于是连忙谢罪说：“国王息怒，是我说错了。”

两人都不说话，马车又走了一段路以后，国王开口问道：“你说，我的国家为什么会灭亡呢？”

车夫这次只好改口说：“这是因为国王您太仁慈贤明了。”

国王很感兴趣地接着问：“为什么仁慈贤明的国王不能在家享受快乐，过安定的日子，却要逃亡在外呢？”

车夫说：“这是因为除了国王您是个贤明的人外，其他国家的国王都不是好人，他们嫉妒您，才使您逃亡在外的。”

国王听了这些奉承的话，心里舒服极了。他一边坐靠在车前的横木上，一边美滋滋地自言自语说："唉，难道贤明的君主就该如此受苦吗？"他昏昏沉沉，十分疲倦地枕着车夫的腿睡着了。

这时，车夫总算是彻底看清了这个昏庸无能的国王，他觉得跟随这个人太不值得。于是车夫慢慢从国王头下抽出自己的腿，换一块石头给他枕上，然后离开国王，头也不回地走了。

第二天，这位亡国之君就被野兽吃掉了，死在了荒郊野外。

时间：________________

地点：________________

人物：________________

起因：________________

经过：________________

结果：________________

✦ヒントと参考解答訳：

下の方法に従って、10 分で文章の「要点」をつかみましょう。

1. 通読：まず分からない単語は飛ばし、素早く文章を読んで概略を理解し、テーマを明確にしましょう。（3 分）

同じような言葉を 1 つにまとめましょう。例えば"清酒、肉脯和干粮"（清酒、干し肉、乾燥した穀物）をじかに"食物"（食料）にまとめれば、暗唱と記憶がもっと簡単になります。

2. 精読：6 つの要素（時間・場所・人物・原因・経過・結果）を書き出しましょう。（4 分）

時間：被占领的那天（占領されたその日）、又走了一段路以后（再びしばらく走った後）、第二天（次の日）

場所：王宫（王宮）、荒郊野外（辺境の野外）

人物：国王（国王）、车夫（車夫）

原因：国王喜欢听奉承话（国王はお世辞を聞くのを好んだ）

経過：国家灭亡，车夫带国王逃走（国が滅び、車夫は国王を連れて逃げた）

結果：国王死在了荒郊野外（国王は辺境の野外で死んだ）

3. 文章の筋道を整理し、テーマと関係のない文を削って、書きながら記憶しましょう。(3 分)

国王喜欢听奉承话（国王はお世辞を聞くのを好んだ）

→国家灭亡（国が滅んだ）

→车夫带国王逃到野外（車夫は国王を連れて野外に逃れた）

→国王与车夫第一次对话（国王は車夫と初めて話した）

→国王与车夫第二次对话（国王は車夫と 2 度目の会話をした）

→车夫离开国王（車夫は国王のもとを離れた）

→国王死在荒郊野外（国王は辺境の野外で死んだ）

ある国王がおり、彼には特別な「好み」があった。それは他人からのお世辞を聞くのが大好きで、他人からの忠告や反対意見を聞くのが大嫌いなことだった。彼の周囲はお世辞しか言えず、国を治めることができない小人物ばかりだった。こういった人々に損なわれ、国は瞬く間に滅亡に向かった。国が敵に占領されたその日、国を誤らせたその一群の臣下たちは次々に国王の元を離れ、誰も国王を連れて逃げようとはしなかった。だが、なんとか 1 人の心ある車夫が馬車を駆って国王を連れて逃げ出した。

車夫は馬車を走らせ、国王を連れて王宮から遠く離れた辺境の野外で止まった。このとき国王はすでに喉の渇きも空腹もひどく、うなだれて元気をなくしていた。車夫は急いで車に積んでいた食料の袋を持ってきて、清酒と干し肉と乾燥させた穀物を差し出し、国王に勧めた。国王はとても不思議に思った。車夫はどこからこの食べ物を持ってきたのだろう？ そこで王は心ゆくまで食べたり飲んだりした後、口を拭いながら車夫にたずねた。「おまえはこういうものをどこから持ってきたのか？」

車夫はこう答えた。「王様に申し上げますが、これらのものは私がかなり以前から準備していたのです」

国王は再びたずねた。「おまえはなぜ前もってこんな準備ができたのか？」

車夫はこう答えた。「私は王様のためにわざわざ準備していたのです。こうして逃げる途中で、あなた様はきっと空腹になられるでしょう」

国王はここまで聞いて、すっかり不機嫌になり、さらに問いただした。「私が逃げる日が来ると、お前はなぜ知っていたのか？」

車夫はこう答えた。「遅かれ早かれこの日が来ると思っておりました」

国王は腹を立てて、不満げに言った。「もしそうなら、なぜ今まで早く私に言わなかった？」

車夫は言った。「王様はお世辞を聞くことばかりお好きでした。もしご意見を申し上げれば、たとえ筋が通っていても、あなた様は聞こうともなさいませんでした。私は一介のしがない車夫に過ぎませんから、もし私がご意見すれば、あなた様はなおさら聞き入れず、死をもお命じになったかもしれません。もしそうだったら、あなた様には今日 1 人として従う者なく、お世話する者もなく、まして食べものや飲みものを差し上げる者などいなかったでしょう」

国王はここまで聞くと、ひどく立腹して、顔を真っ赤にして車夫を指さし大声で怒鳴った。

車夫はその様子を見て、この暗君は死に瀕しても考えを改めようとしないのをようやく理解し、もはやつける薬はないと悟った。そこで慌てて謝った。「王様、お怒りにならないでください、私の言い方が悪かったのです」

2人はどちらも話をせず、馬車が再びしばらく走った後、国王は口を開いて言った。「なあ、我が国はなぜ滅ぼうとしているのだろうか？」

車夫は今度はやむなく言い方を変えて答えた。「王様が大変慈悲深く賢明でいらっしゃるからです」

国王はとても興味をそそられたように続けてたずねた。「なぜ慈悲深く賢明な国王が楽しみを味わえず、落ち着いた日々を送ることができず、国外に逃げなければならない？」

車夫は言った。「それは王様が賢明な方でいらっしゃるほかは、その他の国の王はみな優れた人でなく、彼らは嫉妬したからこそ、あなた様を国外に追いやろうとするのでしょう」

国王はこのお世辞を聞いて、心中とても安らかな気持ちになった。彼は車の前の横木にもたれかかると、満足げにひとりごちた。「ああ、まさか賢明な君主がこんな苦しみを受けなくてはならないのか？」彼はうとうとして、疲れ切ったように車夫の足を枕に眠ってしまった。

このとき、車夫はとうとう心の底からこの凡庸で無能な国王を見限り、この人物に仕える価値は全くないと感じた。そこで車夫はゆっくりと国王の頭の下から自分の足を引き、代わりに1つの石を彼の枕にして、国王のもとを離れ、振り返りもせずに去っていった。

次の日、この亡国の王は野獣の餌食となり、辺境の野外に命を落とした。

■参考例文

国王的爱好

有一个国王，他很喜欢听别人奉承自己，而不喜欢听反对的意见，他的身边都是只会奉承他的小人。由于这个原因，他的国家很快就灭亡了。

被占领的那天，当初奉承他的人都离他而去，只有一个车夫带着他逃了出来。他们逃亡到离王宫很远的荒郊野外，国王又饿又渴，于是车夫就拿来食物给国王吃。国王感到很奇怪,就问车夫哪儿来的食物。车夫告诉国王他早就知道会有这一天，所以提前为国王准备好了。国王感到很不高兴，责怪车夫早知道有这样的一天却不告诉他。车夫向国王解释说，那是因为国王只喜欢听奉承的话，而不喜欢听反对的意见，如果他告诉国王，国王可能会杀了他。国王听完后感到更加气愤，对车夫大声吼叫。车夫连忙向国王赔罪，之后就不再说话了。

马车又走了一段路以后，国王问车夫国家为什么会灭亡。车夫只好说因为国王太仁慈贤明。国王又问为什么仁慈贤明的国王不能享受安乐，而要逃亡呢。车夫说这是因为别的国王嫉妒他。国王听完这些话感到很舒服，就躺在车夫腿上睡着了。

车夫彻底了解到了国王的昏庸无能，在国王熟睡时便离开了。第二天，国王就被野兽吃掉了，死在了荒郊野外。

国王の好み

ある国王がおり、人のお世辞を聞くのをとても好んだが、反対意見を聞くのは好まず、彼の周囲はお世辞しか言えない小人物ばかりだった。このような原因で、王の国はたちまち滅んだ。

占領されたその日、当初お世辞を言っていた人々はみな王のもとを去ってしまい、1人の車夫だけが王を連れて逃げ出した。彼らは王宮から遠く離れた辺境の野外まで逃れ、国王が空腹で喉も渇いたので、車夫は食料を取り出して国王に食べさせた。国王はとても不思議に思い、どこから用意した食料かとたずねた。車夫は、自分はこのような日が来ることが早くから分かっていたので、前もって国王のために準備していたのだと答えた。国王はひどく気分を害して、こんな日が来るのを早くに知っていたのに言わなかったことをとがめた。車夫は国王に、それは王がお世辞ばかり聞くのを好み、反対意見を耳にするのを嫌がったからであり、もし言えば王は自分を殺していただろうと釈明した。国王はこれを聞くとますます立腹し、車夫に大声で怒鳴った。車夫は慌てて国王に謝り、その後口をつぐんでしまった。

馬車が再びしばらく走った後、国王は車夫に、なぜ国が滅ぶのだろうかとたずねた。車夫は、国王が慈悲深く賢明だからだと答えるほかなかった。国王はさらに、なぜ慈悲深く賢明な国王が安らぎや楽しみを味わえず、逃げねばならないのかとたずねた。車夫は、それは他の国王が嫉妬しているからだと答えた。国王はこれを聞くととても安らかな気持ちになり、車夫の足に寄りかかって眠ってしまった。

車夫はとうとう国王が凡庸で無能であることを悟り、王がぐっすり眠っている間に去っていった。次の日、国王は野獣の餌食となり、辺境の野外に命を落とした。

新出単語

（文章の概要をつかむテクニックが大事です。先に新出単語を調べないように！）

治理	zhìlǐ	（動）	統治する、管理する、治める
破坏	pòhuài	（動）	壊す、破壊する
灭亡	mièwáng	（動）	滅びる、滅亡する
占领	zhànlǐng	（動）	占領する
事先	shìxiān	（名）	事前
说不定	shuōbudìng		ひょっとしたら……かも知れない
跟随	gēnsuí	（動）	あとについて行く、人のあとにつき従う
涨	zhàng	（動）	充血する、（顔が）真っ赤になる
情景	qíngjǐng	（名）	情景
仁慈	réncí	（形）	仁慈
享受	xiǎngshòu	（動）	享受する
嫉妒	jídù	（動）	嫉妬する、ねたむ
疲倦	píjuàn	（形）	疲れる
彻底	chèdǐ	（形）	徹底的に

復習と練習

1. 快速阅读下面的文章，列出时间、地点、人物和起因、经过、结果。

一天，一个人在高山峰顶的鹰巢里，抓到了一只幼鹰。他把幼鹰带回家，养在鸡笼里。这只幼鹰和鸡一起啄食、嬉闹和休息，以为自己也是一只鸡。

后来，这只鹰渐渐长大了，羽翼也变得丰满了，主人想把它训练成猎鹰。可是由于它每天和鸡在一起生活，已经变得和鸡完全一样，根本没有飞的愿望了。主人试了各种办法，都毫无效果，最后只好把它带到山顶上，一把将它扔了出去。这只鹰像块石头似的，直掉下去，慌乱之中它拼命地扑打翅膀，就这样，它终于飞了起来！

时间：________________

地点：________________

人物：________________

起因：________________

经过：________________

结果：________________

参考解答と訳：

1. 下の文章をすばやく読んで、時間・場所・人物・原因・経過・結果を書き出しましょう。

時間：一天（ある日）、鹰长大以后（タカが育った後）

場所：鹰巢（タカの巣）、鸡笼（ニワトリの籠）、山顶（山頂）

人物：人（人）、鹰（タカ）、鸡（ニワトリ）

原因：一个人抓到幼鹰（ある人がタカの子を捕まえた）

経過：养鹰（タカを育てた）、训鹰（タカを訓練した）、扔鹰（タカを放り出した）

結果：鹰飞起来（タカが飛び立った）

ある日、高い山の頂にあるタカの巣で、1羽のタカの子を捕まえた人がいた。彼はタカの子を家に連れ帰り、ニワトリの籠で育てた。この幼いタカはニワトリと一緒に餌をついばんだり、ふざけたり休んだりしているうちに、自分も1羽のニワトリだと思うようになった。

その後、このタカはしだいに大きくなり、翼も立派になったので、主人はそれを狩猟用のタカとして訓練しようと考えた。だが、このタカは日々ニワトリと一緒に暮らしていたため、すでに完全にニワトリと同じようになっており、飛ぼうという願望をすっかり失くしていた。主人はいろいろな方法を試みたが、いずれもまったく効果がなく、とうとうそれを山頂に連れていくほかなくなり、一思いに放り出した。このタカは石のようにまっさかさまに落ちていき、大慌てで懸命に翼を羽ばたかせ、こうしてついに飛び立ったのだった！

2. 列出下面文章的叙述顺序。

古时候，有一个官员叫李离，他在审理一件案子时，由于听从了下属的建议，使一个人冤死了。在真相大白后，李离准备以死赎罪。皇帝劝他说："官职有大小高低，处罚也有轻重缓急，况且这件案子主要错在下面的办事人员，又不是你的错误，所以你不必死。"李离说："我平常没有跟下面的人说我们一起来当这个官，我得到的薪水也没有与下面的人一起分享。现在我犯了错误，却要将责任推到下面的办事人员身上，我怎么能做这种事？"他拒绝听从皇帝的劝说，拔剑自杀了。

____

→____________________

→____________________

→____________________

参考解答と訳：

2. 下の文章の叙述の順序を書き出しましょう。

李离审案（李離は事件を審査した）
→犯人冤死（犯人は冤罪で死んだ）
→李离要赎罪（李離は死によって罪を償おうとした）
→皇帝劝说（皇帝は助言した）
→李离自杀（李離は自殺した）

昔、李離という役人がおり、彼はある事件を審査するとき、部下の提案を聞き入れたため、1人の人物を冤罪で死なせてしまった。真相が明らかになった後、李離は死によって罪を償おうと考えた。皇帝は彼にこう助言した。「官職には大小・高低があり、処罰にも軽重・緩急がある。ましてこの事件は主に下の部門の担当者が誤ったのであって、決しておまえの間違いではないのだから、死ぬ必要はない」李離はこう答えた。「私は常日ごろ下の部門の者に、我々は一緒にこの官職を担当しているとは言っておりません。私が受け取っている報酬も下の部門の者と共に分け合ってはおりません。今私は誤りを犯したのに、責任を下の部門の担当者の身になすりつけるなど、どうしてそんなことができましょうか？」彼は皇帝の助言に従うことを拒み、剣を抜いて自ら命を絶った。

3. 缩写（把下面这篇 450 字的文章缩写成 300 字左右的短文）。

古时候有一个人，他的鞋子坏了，于是准备到市场上去买一双新的。

这个人去市场之前，在家先用一根小绳量好了自己脚的尺寸，随手将小绳放在座位上，起身就出门了。

他走了一二十里地才来到市场。市场上热闹极了，各种各样的小商品摆满了柜台。

这个人径直走到鞋店前，看到里面有各式各样的鞋子。他走进去让老板拿了几双鞋，左挑右选，最后选中了一双自己觉得满意的鞋子。他正准备掏出小绳，用事先量好的尺码来比一比新鞋的大小，忽然想起小绳被搁在家里忘记带来。于是他放下鞋子赶紧回家去。

他急急忙忙地返回家中，拿了小绳又急急忙忙赶往市场。尽管他快跑慢跑，还是花了差不多两个小时。等他到了市场，太阳都快下山了，市场上的小贩也都收摊了，大多数店铺已经关门。他来到鞋店，鞋店也关门了。他的鞋没买成，低头瞧瞧自己脚上的鞋，原先那个洞现在变得更大了。他感到十分沮丧。

有几个人围过来，知道情况后问他："你买鞋时，为什么不用你的脚去穿一下，试试鞋的大小呢？"他回答说："那可不成，量的尺码才可靠，我的脚是不可靠的。我宁可相信尺码，也不相信自己的脚。"

参考解答と訳：

3. 要約しましょう（下の 450 字の文章を 300 字前後の短い文章に要約すること）。

古时候有一个人，他的鞋坏了，准备去市场买新鞋。

这个人在家先用绳子量好了脚的尺寸，然后出了门。他走了很远的路才到了市场。到了市场以后，他直接走到卖鞋的商店里。他让老板给自己拿了几双鞋，挑来挑去，最后终于选到了自己满意的鞋子。他正准备拿出绳子，用之前量好的长度来比一比鞋的大小。结果突然想起来绳子被自己落在了家里。于是，他放下鞋子赶紧回家了。

他急忙赶回家，拿了绳子赶回市场。可是等到了市场的时候，鞋店已经关门了。他看看自己破烂的旧鞋子，感到很沮丧。

有几个人围过来听他说完情况以后问他为什么不用自己的脚去穿一下，试试鞋的大小。他回答说他的脚不如量的尺码可靠，他宁愿相信尺码也不相信脚。

昔ある人がいて、その靴が破れ、市場に新しい靴を買いに行こうとした。

この人は家でまず縄を使って足の寸法を計り、それから家を出た。彼は長い道のりを歩いてようやく市場に到着した。市場に着くと、彼はまっすぐ靴を売る店に行った。彼は主人に何足かの靴を出させ、あれこれ選んで、最後にとうとう自分が満足できると思う靴に決めた。彼はそこで縄を取り出して、先に計っておいた長さと靴の大きさを比べてみようとした。ところが縄を家に落としてきたことにふと気がついた。こうして、彼は靴を置いて慌てて家に戻った。

彼は急いで家に戻り、縄を持って市場に駆けつけた。だが市場に着いたころには、靴屋はもう閉まっていた。彼は自分の破れた古い靴を見て、心底がっかりした。

何人かの人々が集まってきて、彼が事情を話すのを聞くと、なぜ自分の足でちょっと履いて、靴の大きさを試してみなかったのかとたずねた。彼は、自分の足は計った寸法のように信用できない、寸法は信じても足は信用しないんだ、と答えた。

■全訳

昔ある人がいて、その靴が破れたので、市場に新しいものを 1 足買いに行こうとした。

この人は市場に行く前に、家でまず 1 本の小さな縄を使って自分の足の寸法を計り、そのまま縄を椅子の上に置き、立ち上がって家を出て行った。

彼は 10 里か 20 里を歩いてようやく市場に到着した。市場はとても賑やかで、様々な雑貨が棚いっぱいに並べられていた。

この人はまっすぐ靴屋の前に行き、中にあるいろいろな種類の靴を見た。彼は入って行って主人にいくつかの靴を出させ、あれこれ選んで、最後に自分が満足できると思う靴に決めた。彼が縄を取り出して、先に計っておいた寸法で新しい靴の大きさと比べようとしたとき、ふとその縄を家に置いたまま忘れてきたのに気がついた。そこで彼は靴を置いて慌てて家に戻った。

彼は急いで家に戻り、その縄を持ってまた急いで市場に駆けつけた。彼が急ごうとのんびりしようと、やはりほぼ 2 時間かかった。彼が市場に着くころには、太陽は山に沈もうとしており、市場の商人もみな売り場を片付け、ほとんどの店はもう閉まっていた。彼が靴屋にやって来ると、靴屋も閉まっていた。彼の靴は買えず、うなだれて自分が履いている靴を見ると、もとの穴は今ではさらに大きくなっていた。彼は心底がっかりした。

数人の人々が集まってきて、事情を知ると彼にたずねた。「あんたは靴を買うとき、どうして自分の足でちょっと履いて、靴の大きさを試してみなかったのかね?」彼は答えた。「それはだめだ、計った寸法でないと信用できない、自分の足は信じられないよ。おれは寸法は信じたとしても、自分の足は信じないんだ」

第2週

週末の振り返りと力だめし

今週は、文章の構成と基本的な書き方を学び、みなさんはもうHSK6級試験で求められる条件に基本的に達したことでしょう。要約の勉強では、不要な修飾や描写を削ってこそ、文章の主要な内容をより効果的に残せるということを見てきました。ただ、文章の中のどの部分が修飾や描写なのかは、必ずしもはっきり決められるものではありません。また勉強の中で、出題される原文の中の言葉は美しく生き生きしているのに、自分で要約した短い文章は少し味気ないと感じた人もあるでしょう。もし不要な修飾や描写を削っても文章に美しさを与えたいなら、描写や修辞についてさらに深く学ぶことが必要です。

知っておこう

（一）描写

よく用いられる描写の方法：

1 ▶ **外見の描写：**人物の姿の特徴に関するもので、その人の体つき・顔・服装・いでたち・表情・態度・風格・習慣的な特徴などを描写します。
外見の描写の目的は、人物の外面的な特徴を描写することにより、その人の性格や内面を表現することです。

2 ▶ **動作の描写：**人物の動作・行動を描写します。これにより、人物の性格や心理を解釈し、表現することができます。

3 ▶ **言葉の描写：**人物の言葉や人物どうしの会話を描写します。
注意：考え方・経歴・地位・性格によって、人が使う言葉も違います。読む人が会話によって発言者それぞれの個性を理解できなければ、言葉の描写を効果的に行ったことにはなりません。

4 ▶ **心理の描写：**人物の思想・内面の感情を描写します。

5 ▶ **風物の描写：**自然環境や社会環境の中の風景や物体を描写します。例えば周囲の環境や自然の風景を描写します。

（二）修辞

よく用いられる修辞の方法：

1 ▶ **比喩：**ものごとの類似点に基づいて、具体的・単純・身近なもので抽象的・深遠・馴染みのないものを説明します。

はたらき：表現する内容に生き生きとした具体的なイメージを持たせることができ、読む人に鮮明で深い印象を与えます。

2 ▶ **擬人：**ものを人間になぞらえて書き、人間を描写する言葉でものを描写し、ものが人間と同じような言動を行い、感情を持っているように表現します。

はたらき：具体的なものに生命力を持たせ、言葉に鮮明なイメージを与えます。

3 ▶ **誇張：**ものごとの性質・特徴などを意図的に強調したり抑制したりします。

はたらき：ものごとの本質を際立たせ、雰囲気を引き立て、表現効果を強め、連想を引き出します。

4 ▶ **排比：**意味が関連するか似通い、構造が同じであるか類似し、語気が共通している3つ以上のフレーズや文を一緒に並べます。

はたらき：語気を強め、言葉の雰囲気や効果を高め、論理を明確にします。

5 ▶ **対遇：**字数がほぼ同じで、構造や形式が似ており、意味が対称的な単語やフレーズや文を並べることにより、2つの対応するまたは類似した意味を表現します。

はたらき：均整を取り、リズム感を強め、意味を概括し、覚えやすくし、音楽的な美感を与えます。

6 ▶ **反復：**ある意味を強調したり感情を表現したりするため、意図的に言葉や文を重複させます。

はたらき：内容を強調し、読者の注意を引きます。

7 ▶ **問いかけ：**読者の注意をひくため、意図的に問いを投げかけ、自ら答えます。

はたらき：読者の思考を促し、内容を際立たせます。

8 ▶ **反語：**疑問文の形で断定の意味を表します。

はたらき：語気を強め、読者の内省や感慨を誘い、印象を強め、文章の迫力や説得力を増します。

9▶ 引用：ことわざや著名人の言葉、エピソードを引用して表現効果を高めます。

はたらき：論拠を確かにし、説得力を強め、表現を美しくし、文章に啓発性をもたせます。

練 習

（一）以下の文でどんな描写方法が用いられているか考えましょう。

1. 一个 30 多岁的外国男人走了进来, 他的身材很胖, 有一头金色的卷发, 肤色很白, 有一张不太帅的脸，但是却有着一双深蓝色的发亮的眼睛。（1 人の 30 歳あまりの外国の男性が入ってきた。彼の体つきはとても太っていて、髪は金色の巻き毛で、肌の色は白く、顔はあまり格好良くはないが、深い藍色の輝く目をしている）

   参考解答：外見の描写

2. 吴老师指着小明严肃地说：“你怎么把二年级小朋友打哭了？”（呉先生は小明を指して厳しく言った。「君はどうして 2 年生の小さな子を叩いて泣かせたのか？」）

   参考解答：言葉の描写・動作の描写

3. 他稳稳地坐在车上, 皱着眉头, 两眼紧盯前方, 双脚交替用力地向下蹬着。慢慢地, 他越骑越用力，小小的自行车开始左右摇晃；慢慢地，他的身体离开车座，他站了起来……（彼は落ち着いて自転車にまたがり、眉間にしわを寄せて、両目はしっかりと前を見つめ、両足を交互に下に向けて力強く踏みしめた。ゆっくりと、彼が力を入れて漕ぐにつれて、小さな自転車は左右に揺れ始めた。ゆっくりと、彼の体はサドルを離れ、彼は立ち上がった……）

   参考解答：動作の描写

4. 她已经陶醉在快乐之中了，什么也不想，只是兴奋地、疯狂地跳着舞。她用她的美丽战胜了一切，所有这些人都赞美、奉承她。她想她已经把女人心中认为最重要的幸福握在手中了。（彼女はもう快楽の中に酔いしれており、何も考えたくなく、ただ興奮して、狂ったように踊っていた。彼女は自らの美しさによって一切に打ち勝ち、そのすべての人が彼女を賛美し、褒めたたえた。彼女は、自分はもう女性の心の中で最も重要だと考えられている幸福をその手に収めたと思った）

参考解答：心理の描写

5. **银白色的月光装饰了春天的夜空，也装饰了大地。夜空像无边无际的透明的大海，安静、广阔而又神秘。繁星，如同海水里漾起的浪花，闪烁着，跳动着。**（銀色の月光が春の夜空を飾り、大地をも飾った。夜空は果てしもない透明な海原のように、静かに、広々として神秘的だった。星々が、海水の中からあふれる波しぶきのように、きらめき、跳びはねていた）

参考解答：風物の描写

（二）以下の文でどんな修辞方法が用いられているか考えましょう。

1. **那又浓又翠的景色，简直就是一幅青山绿水画。**（その深々とした青緑色の風景は、まるで美しい山河を描いた一幅の絵のようだ）

参考解答：比喩

2. **山谷回音："他刚离去，他刚离去。"**（谷間は答えた。「彼は今行ってしまった、彼は今行ってしまった」）

参考解答：反復

3. **桃树、杏树、梨树，你不让我，我不让你，都开满了花。**（モモ、アンズ、ナシの木が、互いに負けまいとして、みな満開になった）

参考解答：擬人

4. **只能看到手掌大的一块天空。**（手のひらほどの大きさの一片の空しか見えない）

参考解答：誇張

5. **冬天走了，春天来了。**（冬が去って、春が来た）

参考解答：対偶

6. 数学真的很难吗？我看不是。（数学は本当にとても難しいのか？ 私はそうではないと思う）

参考解答：問いかけ

7. 他们的品质是那样的纯洁和高尚，他们的意志是那样的坚韧和刚强，他们的气质是那样的淳朴和谦逊，他们的胸怀是那样的美丽和宽广。（彼らの人間性はかくも純粋で気高く、彼らの意思はかくも強靭で屈強であり、彼らの気質はかくも純朴で慎み深く、彼らの心はかくも美しく寛大である）

参考解答：排比

8. "虚心使人进步，骄傲使人落后"，我们应该记住这一真理。（「謙虚さは人を進歩させ、傲慢さは人を堕落させる」、我々はこの真理を心に刻むべきだ）

参考解答：引用

9. 他呢，他难道没有应该责备的地方吗？（彼は、彼はまさか本当に非難されるべきところがないのか？）

参考解答：反語

◉模範文鑑賞

今週は、叙述文の構造を勉強しました。一般的に言って、通常の叙述文は時間の進行を記述の順序としますが、そうではない文章構造もあり、それは空間の変化を順序とするものです。この文章構造は多くは見られませんが、作文レベルの向上を目的として読んで味わってみましょう。

（空間の変化による文章構造と、様々な修辞・描写の技法が文章にもたらす美しさを感じ取りましょう）

游北海

3月28日下午，我来到了北海公园。

一进公园大门，首先映入眼帘的就是被碧绿的湖水环绕着的琼岛，岛上耸立着一座高大而秀美的白塔。

我怀着喜悦的心情，随着三五成群的游人快步朝白塔走去。穿过正觉殿，绕过普安殿；一棵棵树木被我甩在身后，一节节阶梯被我踏在脚下。我很快就到达了琼岛的顶峰——白塔。

站在修葺一新的白塔下，沐浴着初春温暖的阳光，迎着湿润宜人的春风，顿觉心旷神怡。放眼四望，只见公园内棵棵柳树都吐出了嫩芽，条条柳枝随着和暖的春风翩翩起舞；苍松翠柏被忽紧忽慢的春风吹动着，时而哈哈大笑，时而窃窃私语；粉色、白色的野桃花开满枝头，娇黄的迎春花开得正旺，洁白的玉兰含苞欲放。一阵阵花香沁人心脾，一树树鲜花为初春的北海增添了不少诗情画意。极目远眺，金碧辉煌的故宫建筑群、庄严雄伟的天安门广场、一座座高大崭新的楼房、一条条玉带般的公路都赫然在目。

看着眼前的一切，我心潮起伏，思绪万千：北海原是辽、金、元、明、清历代封建皇帝的御花园。在黑暗的旧社会，劳动人民只有建园的辛酸劳苦，而没有游玩的半点自由。那时，人们从北海公园经过时，只能看见北海白塔呆呆地直立着，只能听见北海湖水低低地哭泣着。今天，北海成为了人民的公园，我们的心情就像那随风波动的北海湖水一样……

下山后，我沿着湖边慢慢地走着，继续欣赏着初春北海美丽迷人的景色。春风吹过湖面，送来湿润、清新的空气；湖边一处处景致来到我的面前。我大口大口地吸着新鲜空气，贪婪地看着动人的景色：岸边的小草刚刚拱出了地面，暗柳垂下的枝条不时地轻拂着我的面颊。在阳光的照耀下，湖水银波粼粼，几只小船在湖面上随风荡漾。五龙亭、万佛楼、漪澜堂、永安寺、琳光殿等古代建筑掩映在山林水波之间，形态优美，各具特色。

　　顺着小径，我来到了九龙壁，九龙壁的两面分别是九条雕龙组成的瑰丽图案。图案美观大方，色彩十分和谐，就连图案旁边的花纹，也都雕刻得古朴美观。九条雕龙色彩各异、姿态不同，看上去惟妙惟肖、栩栩如生。九龙壁细致精巧的雕刻，充分显示了古代劳动人民杰出的智慧和才能。

　　当太阳快落山的时候，我恋恋不舍地告别了初春的北海公园。初春的北海公园实在是太美了，但是，更美的是给北海公园带来美丽景色的人。

北海に遊ぶ

3月28日の午後、私は北海公園にやって来た。

公園の門を入ると、まずまぶたに飛び込んできたのは青緑の湖水に囲まれた瓊華島で、島には高く大きな美しい白塔がそびえ立っている。

私はうきうきした気持ちで、思い思いにグループになっている観光客の後について早足で白塔の方に歩いていった。正覚殿を通り過ぎ、普安殿を迂回して、一本一本の木を背後にし、一段一段の階段を足下に踏みしめていく。私はほどなく瓊華島の頂き――白塔に辿り着いた。

新しく修復された白塔の下に立ち、早春の暖かな日差しを浴びて、しっとりと心地よい春風を迎えると、たちまちのびのびとした愉快な気分になる。ふと四方を見渡せば、公園の中の柳の木はめいめい柔らかい芽を吹き、それぞれの柳の枝は暖かい春風とともにひらひらと舞っている。青々とした松や柏が、ふいに強くなったり緩やかになったりする春風に吹かれて、時に声をあげて笑い、時にひそひそと囁く。桃色や白の野生のモモの花が枝いっぱいに咲き、初々しい黄色の迎春花は今が盛りで、真っ白なハクモクレンは蕾を開こうとしている。漂ってくる花の香りが胸に染み入り、木々に咲く花々は早春の北海に詩情と絵のような趣きを添えている。はるか遠くまで眺めれば、極彩色に輝く故宮の建物、荘厳にして雄大な天安門広場、高くそびえ立つ新しいビルの群れ、宝石をはめ込んだ帯のような道路がみな目に飛び込んでくる。

目の前のすべてを眺めて、私の心は波立ち、感慨もひとしおだった。北海は遼・金・元・明・清の歴代の皇帝の花園だった。暗い旧社会には、労働者たちは工事の辛い苦労を味わうだけで、観光する自由は少しもなかった。当時、人々は北海公園を通り過ぎるとき、その白塔がぬっと立っているのが見えるだけ、その湖水が静かに泣いているのが聞こえるだけだった。今では、ここは人民の公園となり、私たちの心はまるであの風にさざ波を立てる北海の湖水のようだ……。

丘から下りると、私は湖のほとりをゆっくりと歩き、早春の北海のうっとりさせる風景をさらに楽しんだ。春風が湖面を吹くと、しっとりとして清々しい空気が運ばれてくる。湖畔の一つひとつの風景が私の目の前に現れる。私は口を大きく開けて新鮮な空気を吸い込み、感動的な景色を貪るように眺めた。岸辺の草は地面に芽を出したばかりで、ほの暗い柳の木陰に垂れる枝がときどき私の頬を軽やかに撫でる。日差しに照らされて、湖水の銀色の波は澄みわたり、何艘かの小船が湖面で風のままに揺れている。五龍亭、万仏楼、漪瀾堂、永安寺、琳光殿などの古代の建築が山と湖の間で引き立てられ、その姿は優美で、それぞれ特色がある。

小道に沿って行くと、私は九龍壁にたどり着いた。九龍壁の両面はそれぞれ九匹の龍の彫刻でできた華麗な図案になっている。図案は美しく上品で、色彩は十分に調和しており、図案のそばにある模様も古朴で美しい。九匹の龍の彫刻は色彩がそれぞれ異なり、ポーズも違い、見たところ迫真の出来栄えで、生き生きとして動き出しそうだ。九龍壁の繊細で精巧な彫刻は、古代の働く人々の傑出した知恵と才能を余すところなく示している。

太陽がもうすぐ山に沈もうとするころ、私は名残惜しい気持ちで早春の北海公園を後にした。早春の北海公園は本当に美しかったが、もっと美しいのは北海公園に美しい風景を作り上げた人である。

■講評

風景描写を主とした叙述文です。この文章では時間と空間の変化の順に、まず公園の入り口から入ると、遠くに大きな美しい白塔が見え、抑えきれない楽しい気持ちを描きます。次に白塔に移り、視線を四方に向けて遠くと近くの風景、さらにそこから生まれる豊かな連想を描きます。続いて丘から下りた後は、湖のほとりに沿って早春の北海のうっとりするような風景を味わい、その後に九龍壁を描きます。最後に日没の場面に移り、作者は北海公園を後にします。時間と空間、それに観光の足取りの順に従って要素を並べ、細部の描写と省略を効果的に組み合わせ、様々な修辞方法と描写方法も有機的に用いられています。語彙が豊富であるのみならず、描かれるイメージも生き生きとしており、美的感覚に富んでいます。

第３週

要約技術の強化トレーニング

どんなことでも方法を工夫することが大切で、HSK6 級の作文も例外ではありません。これまでの 2 週間の勉強では、要約の知識と方法を基本的にマスターしました。今週は、身につけた知識と方法をより完全に自分のものにするほか、文章をさらに生き生きとさせるコツを学び、言葉の表現力を高めましょう。

月曜日

叙述方法（一）

ものごとには、簡単か複雑かにかかわらず、発生・発展・変化のプロセスがあります。人物にも変化・発展のプロセスがあり、しかも人物とものごとは分かち難く結びついていることがほとんどです。人物の経験とものごとの発展・変化のプロセスを一定の決まった順序で表現したものが、叙述方法です。要約の際には全体の概要をまとめると同時に、細部や具体性を伝えることにも気を配る必要があります。両方を組み合わせてこそ、ものごとをバランスよく叙述できるのです。作文では、まず作者の叙述方法を理解したうえで、内容に基づいてこの叙述方法を自分の文章に生かし、1篇の文章を書き上げましょう。

■要点のまとめ

順叙〔時間の順序で叙述する〕

❶ 叙述方法とは何か？

叙事的な文章には一般的に４つの叙述方法があります。「順叙」「倒叙」「挿叙」「補叙」です。

❷ 順叙とは何か？

「順叙」とは、時間の前後の順番によって出来事を叙述することで、実際に起こり、進展した状況と一致します。そのため、この方法では文章を筋道立てて、文脈を明確にして書くことが容易です。

「順叙」は一般的に見られる叙述方法で、比較的書きやすいものです。この方法では筋道が明確で、構造が分かりやすく、情理の上からも理解しやすく、私たちがものごとを認識するパターンに合っています。ただ、平板で直接的、起伏に欠ける、または起こったことを並べただけのメモ書きになりがちだといった偏りや欠点を生みやすい方法でもあります。このような欠点を避けるため、書くときには文脈やリズムに注意する必要があります。

実戦問題

■例文

他和朋友是在上中学的时候认识的，两人有着共同的爱好和理想，慢慢地就变得形影不离了。后来他们又考上同一所大学，读同一个专业，这份友谊就更加深厚了。毕业后他们一起来到这个陌生的小城市，受尽了苦，却都生活得不太理想。朋友似乎比他要稍好一些——虽然朋友只是一个小职员，可就职的毕竟是一家大公司，薪水并不低。

一天朋友找到了他，向他借钱。他以为也就两三百块钱。可当朋友说出“五千”这个数字时，他简直不敢相信自己的耳朵。他对朋友说：“我只有五千块钱，虽然我可以全借给你。但是，你得告诉我你要做什么。”朋友说：“你别问行吗？”最终，他还是把钱借给了朋友。他想既然朋友不想说，肯定是有道理的。朋友郑重地写下一张借条，借条上写着：一年后还钱。

可是一年过去了，朋友却没能把这五千块钱还上。有一天，朋友又跟他借钱，仍然是五千块，仍然说一年以后还钱。他有些不高兴了，他再次问朋友借钱做什么，朋友仍然没有告诉他。他这次借给了朋友两千块钱，然后收好朋友写下的借条。

之后，朋友再也没来找过他。他就去找朋友，朋友的同事告诉他，朋友暂时辞了工作，回了老家。也许他还会回来，也许永远不会。他有些急了，他想就算他的朋友永远不想再回这个城市，难道就不能给自己写一封信吗？不写信给他，就是躲着他；躲着他，就是为了躲掉那七千块钱。他有些伤心，难道十几年建立起来的这份友谊，还不如这七千块钱？

于是，他揣着那两张借条，坐了一天的汽车，找到了朋友的老家。那天他只见到了朋友的父母。他没有对朋友的父母提钱的事，他只是向他们打听朋友的消息。

“他走了。”朋友的父亲说。

“走了？”他没有听明白。

“那天下雨，他从房顶上滑下来摔死了。”父亲哽咽地说。

“他为什么要冒雨爬上房顶？”他问。

“因为他要帮村里盖小学。是的，已经盖起来了。听他自己说，他借了别人很多钱。可是那些钱还是不够。所以，只好用旧房拆下来的碎瓦来盖。他走得急，没有留下遗言。我不知道他到底欠了谁的钱，你是不是来讨债的？”

听完朋友父亲的话，他的眼泪流下来了。他不敢相信他的朋友突然离去，更不敢相信他的朋友原来一直在默默地为村子里建一所小学。朋友分两次借走他七千块钱，原来只是想为自己的村子建一所小学；而之所以不肯告诉他，可能只是不想让他替自己着急。

“你是他什么人？”朋友的父亲问。

“我是他的朋友。”他说，“我这次，只是来看看他，没想到他走了。还有，我向他借过几千块钱，一直没有还给他。我回去就想办法把钱寄过来，您可以买些好的瓦片，把那个房子上的旧瓦片换了。”

在回去的汽车上，他掏出那两张借条，小心翼翼地揣好。他要把这两张借条一直保存下去，为他善良的朋友，也为他对朋友的误解。

时间：________

地点：________

人物：________

起因：________

经过：________

结果：________

____

→________

→________

→________

→________

✦ヒントと参考解答訳：

下の方法に従って、10 分で文章の「要点」をつかみましょう。

1. 通読：まず分からない単語は飛ばし、素早く文章を読んで概略を理解し、テーマを明確にしましょう。(3 分)

「順叙」の文章では、一般的に複数の時間と場所が登場します。そのため、時間と場所の変化に注意し、それを記憶しましょう。

2. 精読：6 つの要素（時間・場所・人物・原因・経過・結果）を書き出しましょう。(4 分)

時間と場所が多すぎる場合は、あまり重要でないものを削ったり、簡単に書いてもかまいません。

時間：上中学的时候（中高生時代)、毕业后（卒業後)、一天（ある日)、一年后的一天（1 年後のある日)、从那以后（その後)、回去的路上（帰途)

場所：朋友的老家（友人の故郷)

人物：他（彼)、朋友（友人)、朋友的父亲（友人の父親)

原因：朋友借钱（友人が借金した)

経過：朋友没有还钱（友人は返済しなかった)、他寻找朋友（彼は友人を訪ねた)

結果：朋友去世（友人は世を去った)、他保存借条（彼は借用書を取っておいた)

3. 文章の筋道を整理し、テーマと関係のない文を削って、書きながら記憶しましょう。(3 分)

他和朋友相识并成为朋友（彼は友人と知り合って友達になった)
→朋友第一次借钱（友人が初めて借金した)
→朋友第二次借钱（友人が二回目に借金した)
→他去找朋友（彼は友人を訪ねて行った)
→得知朋友去世（友人が世を去ったことを知った)
→保留借条（借用書を取っておいた)

彼と友人は中高生時代に知り合い、2 人は共通の趣味と理想を持っていたので、しだいにいつも一緒にいるようになった。後に彼らはさらに同じ大学に合格し、同じ専攻で学び、この友情はますます深まった。卒業後、彼らは一緒にこの見知らぬ小さな街にやってきて、苦労を重ねたが、生活は思うようにはいかなかった。友人は彼より少しは良いようだった——しがない一社員に過ぎなかったが、就職したのは大企業だけあって、給料は悪くはなかった。

ある日、友人は彼を訪ねて、金を貸してほしいと言った。彼は 200 元や 300 元のことだろうと思った。だが友人が「5000」という数字を口にしたとき、彼はほとんど自分の耳を信じられなかった。彼は友人に言った。「僕には 5000 元しかない。すべて君に貸してもいいが、何をしようとしているのか教えてほしい」友人は言った。「聞かないでくれるか？」とうとう、彼はそれでも金を友人に貸した。友人が言いたくないからには、きっと理由があるのだろうと彼は思った。友人は丁寧に 1 枚の借用書を書き、そこにはこう書かれていた。「1 年後に返済する」

だが 1 年が過ぎても、友人はこの 5000 元を返済できなかった。ある日、友人は再び彼に借金をしようとし、また 5000 元で、やはり 1 年後に返済すると言った。彼は少し不愉快に思って、借金をして何をするのかと再び友人に聞いたが、友人はやはり答えなかった。彼は今回は友人に 2000 元を貸し、友人が書いた借用書をしっかり受け取った。

その後、友人は再び彼に会いに来ることはなかった。そこで彼は友人を訪ねて行き、友人の同僚に知らされたところによると、友人はしばらく仕事をやめ、故郷に帰っているとのことだった。また戻って来るかもしれないし、二度と戻って来ないかもしれない。彼は少し焦って、たとえ友人が二度とこの街に戻って来たくないのだとしても、まさか自分に 1 通の手紙も書けないのだろうか、と思った。手紙を書かないのは、つまり彼を避けているということで、彼を避けているのは、つまりあの 7000 元をうやむやにするためだ。彼はなんだか傷ついた。十数年かけて築いてきたこの友情は、まさかこの 7000 元にも及ばないのだろうか？

そこで、彼はあの 2 枚の借用書を懐にしまい、1 日かけて列車に乗り、友人の故郷にたどり着いた。その日は友人の両親に会うことしかできなかった。彼は両親に金の話は持ち出さず、友人の行方だけをたずねた。

「あいつは行ってしまった」友人の父親は言った。

「行ってしまった？」彼はよく意味が聞き取れなかった。

「あの日は雨が降って、あいつは屋根の上から滑り落ちて死んでしまった」父親はむせび泣いて言った。

「彼はどうして雨の中を屋根に登ったのですか？」彼はたずねた。

「あいつは村のために小学校を建てようとしていたからだ。そう、もう瓦を葺くところだった。あいつが自分で言った話では、人に金をたくさん借りたそうだ。でもその金でもまだ足りなかった。だから、古い家を取り壊してできた割れた瓦で屋根を葺くしかなかった。あいつは急に行ってしまったから、遺言を残さなかった。あいつがいったい誰に金の借りがあるのか、おれは知らない。あんたは借金の取り立てに来たのか？」

友人の父親の話を聞くと、彼は涙を流した。友人が突然に世を去ってしまったとは信じられず、なんと彼がずっと村のために黙々と小学校を建てていたとは、なおさら信じられなかった。友人が 2 度に分けて彼から 7000 元を借りたのは、実は自分の村のために小学校を建てたかっただけなのだ。そして彼に言おうとしなかったのは、ただ心配をかけたくなかったためかもしれない。

「あんたはあいつとどんな関係だい？」友人の父親はたずねた。

「私は彼の友人です」彼は言った。「私は今回、ただ彼に会いに来ただけで、彼が亡くなったとは思いもしませんでした。それから、私は彼に数千元を借りていて、ずっと返していませんでした。私は帰ってから何とかして金を送ります。いい瓦を買って、その建物の古い瓦と取り替えていただけませんか」

　帰途の列車の中で、彼は 2 枚の借用書を取り出し、そっと懐にしまった。彼はこの 2 枚の借用書をずっと取っておくつもりだ。彼の善良な友人のために、そして自分の友人に対する誤解のために。

■参考例文

两张借条

他和朋友很早就认识，并且逐渐成了形影不离的好朋友。他们一起读大学，毕业后在一个城市工作。他们的工作都很辛苦，而且生活并不富裕。

一天，他的朋友向他借五千块钱。他吓了一跳，问朋友原因，朋友没有说，但是他还是把钱借给了朋友。朋友写了一张借条给他，上面写着一年后还钱。可是一年后，朋友并没有还钱，而且又来找他借五千块钱。他有点不高兴，问朋友原因，朋友仍然不说。最后他借给朋友两千块钱，收好了朋友的借条。

从那以后，他就再也没见过朋友。他去找朋友，却听说朋友辞职回老家了。于是他去了朋友的老家。到了那里他才知道，朋友已经去世了。朋友的父亲告诉他，朋友借钱是为了给村里盖小学，他是在冒雨换瓦片的时候，从房顶上掉下来摔死的。朋友的父亲问他是什么人，是不是来讨债的。他流下了眼泪，对朋友的父亲说，他们是朋友，他欠了朋友几千块钱，他回去会把钱寄过来，帮助朋友完成没有完成的愿望。

回去的路上，他把借条掏出来小心地保存好，为他的朋友，也为他对朋友的误解。

2 枚の借用書

彼は友人と早くから知り合い、次第にいつも一緒にいる親友になった。彼らは一緒に大学で勉強し、卒業後はある街で仕事をした。彼らの仕事はどちらも辛く、しかも生活は決して豊かではなかった。

ある日、友人は彼に 5000 元の借金をしたいと言った。彼はびっくりして友人に理由を聞き、友人は答えなかったが、彼はそれでも友人に金を貸した。友人は 1 枚の借用書を書き、そこには 1 年後に返済するとあった。だが 1 年後、友人は返済したわけではなく、しかもまた彼に 5000 元を借りに来た。彼は少し不愉快に思って、友人に理由を聞いたが、友人はそれでも言おうとしなかった。結局彼は友人に 2000 元を貸し、借用書をしっかり受け取った。

その後、彼は再び友人に会うことはなかった。彼は友人を訪ねて行ったが、辞職して故郷に帰ったとのことだった。そこで彼は友人の故郷に向かった。そこに着いてようやく、友人はもう世を去ったことを知った。友人の父親が教えてくれた話では、友人が借金をしたのは村に小学校を建てるためであり、彼は雨の中で瓦を替えているとき、屋根から滑り落ちて亡くなったという。友人の父親は彼が誰なのか、借金の取り立てに来たのかと聞いた。彼は涙を流しながら友人の父親にこう言った。2 人は友達で、自分は友人に数千元を借りており、帰ってから金を送って、友人が叶えられなかった願いを叶える手助けをする、と。

帰途、彼は 2 枚の借用書を取り出してそっとしまった。友人のために、そして自分の友人に対する誤解のために。

新出単語

（文章の概要をつかむテクニックが大事です。先に新出単語を調べないように！）

陌生	mòshēng	（形）	よく知らない、不案内である
似乎	sìhū	（副）	……らしい、……のようである
毕竟	bìjìng	（副）	結局
薪水	xīnshuǐ	（名）	給料
简直	jiǎnzhí	（副）	ぜんぜん、まったく
道理	dàolǐ	（名）	わけ、理由
郑重	zhèngzhòng	（形）	厳粛である、まじめである
建立	jiànlì	（動）	（関係を）形成する、確立する
不如	bùrú	（動）	……に及ばない
拆	chāi	（動）	取り壊す
欠	qiàn	（動）	借りがある、未返済のものがある
默默	mòmò	（副）	黙々として、黙って
善良	shànliáng	（形）	善良
误解	wùjiě	（名）	誤解する

復習と練習

1. 快速阅读下面的文章，列出时间、地点、人物和起因、经过、结果。

有一天晚上，财主和他的仆人在树林里走着，突然迎面来了一只熊。财主刚喊了两声，就被钳子似的熊掌抓住了。熊紧紧地抓住他，翻过来转过去，把他压倒在地上，一心想挑个好地方咬下去。财主眼看性命就快没了，于是大声地向他的仆人求救。

年轻有力的仆人不顾生命危险，运足全身力气，拿起斧子，朝熊的脑袋劈下去；接着又用钢叉刺穿了熊的肚子。熊惨叫一声，滚倒在地，死了。

危机过去了，财主却把他的救命恩人骂得昏天黑地。可怜的仆人呆呆地站在那儿："天哪！这是为什么啊？""蠢材，你还问呢？"财主呵斥道，"你怎么把熊皮都毁了呢？真是胡来！"

时间：＿＿＿＿＿＿＿＿

地点：＿＿＿＿＿＿＿＿

人物：＿＿＿＿＿＿＿＿

起因：＿＿＿＿＿＿＿＿

经过：＿＿＿＿＿＿＿＿

结果：＿＿＿＿＿＿＿＿

参考解答と訳：

1. 以下の文章を素早く読んで、時間・場所・人物・原因・経過・結果を書き出しましょう。

時間：一天晚上（ある日の夜）

場所：树林里（森の中）

人物：财主、仆人（金持ち、召使い）

原因：财主被熊逮住（金持ちがクマに捕まった）

経過：仆人杀了熊，救了财主（召使いがクマを殺し、金持ちを助けた）

結果：仆人挨骂（召使いは怒鳴られた）

ある日の夜、金持ちと召使いが森の中を歩いていると、急に向こうから１頭のクマがやって来た。金持ちは何度か叫び声をあげると、ペンチのようなクマの手に掴まれてしまった。クマは彼をしっかり掴み、あちこち振り回して地面に押し倒し、一思いに美味そうなところから噛みつこうとした。

金持ちは命が今にも危なくなったと感じ、大声で召使いに助けを求めた。

若くて力のある召使いは命の危険を顧みず、全身の力を込めて斧を振り上げ、クマの頭に切りつけた。続いて鉄のさすまたでクマの腹を突き刺した。クマは痛ましい叫び声をあげると、地面を転げまわり、死んでしまった。

危険は去ったものの、金持ちは命の恩人をこっぴどく罵った。哀れな召使いは呆然として立ち尽くした。「そんな！　なぜですか？」「馬鹿者め、まだ聞くのか？」金持ちはこう言って叱りつけた。「おまえはどうしてクマの毛皮をだめにしてしまったのだ？　本当にやり方が分かっていない！」

2. 列出下面文章的叙述顺序。

在森林里，老虎看见了一头驴，它以为这个身材高大的家伙一定很凶猛、很可怕。因此，老虎就每天躲在树林里偷偷观察这头驴。后来，老虎又悄悄走出来，小心翼翼地接近驴，想知道这头驴的底细。

有一天，驴突然大叫了一声，老虎吓了一跳，以为驴要咬自己，感到非常恐惧，急忙远远地跑开了。然而，老虎经过反复观察以后，觉得驴并没有什么特殊的本领，而且老虎也越来越熟悉驴的叫声了。

老虎开始走到驴的前后，转来转去，但不敢上去攻击驴。后来，老虎慢慢逼近驴，越来越放肆，或者碰它一下，或者靠它一下，不断冒犯它。驴非常恼怒，就用蹄子去踢老虎。

老虎心里盘算着：“你的本事也不过如此！”于是老虎非常高兴，大吼一声，腾空扑去，咬断了驴的喉管，啃完了驴的肉，这才离去。

____

→________________

→________________

→________________

→________________

参考解答と訳：

2. 以下の文章の叙述の順序を書き出しましょう。

老虎看见驴（トラがロバを見かけた）

→观察驴（ロバを観察した）

→靠近驴（ロバに近づいた）

→冒犯驴（ロバに嫌がらせをした）

→吃掉驴（ロバを食べてしまった）

森の中で、トラが１頭のロバを見かけ、この図体の大きなやつはきっと凶暴で恐ろしいだろうと思った。そのため、トラは毎日森の中に潜んでこっそりとこのロバを観察した。その後、トラはまたこっそりと出てきて、恐る恐るロバに近づき、このロバの様子を知ろうとした。

ある日、ロバが突然大声で鳴き、トラはびっくりして、ロバが自分に噛みつこうとしていると思い、すっかり怖くなって慌てて走り去った。だが、トラは何度も観察してみて、ロバには特別な能力があるわけではないと感じ、しかもトラもロバの鳴き声にますます慣れていった。

トラはロバのまわりに近づいて行ったり来たりするようになったが、ロバに襲いかかる勇気はなかった。それから、トラは少しずつロバに近づき、ますます大胆になり、少しぶつかってみたり、寄りかかってみたりして、絶えず嫌がらせをした。ロバはとても怒って、ひずめでトラを蹴った。

トラは心の中で思案した。「おまえの実力はこの程度でしかないのか！」そこでトラは大喜びして、大きくひと吠えすると、跳び上がって襲いかかりロバの喉元を噛み切って、その肉を食べ尽くし、ようやく去っていった。

3. 缩写（把下面这篇500字的文章缩写成300字左右的短文）。

一个晴朗的早晨，曾子的妻子梳洗完毕，换上一身干净整洁的蓝布新衣，准备去集市上买一些东西。她出了家门没走多远，儿子就哭喊着追了上来，吵着闹着要跟她去。孩子太小，集市离家又远，带着他很不方便。因此，曾子的妻子对儿子说："你回去在家等着，我买了东西一会儿就回来。你不是爱吃红烧肉吗？我回来以后就给你做。"这话倒也灵验，她儿子一听，立即安静下来，乖乖地回家去了。

曾子的妻子从集市上回来，还没跨进家门就听见院子里曾子忙碌的声音。她进门一看，原来是曾子正准备给儿子做好吃的东西。她急忙上前拦住丈夫，说道："家里的东西，都是逢年过节时才吃的。你怎么把我哄孩子的话当真呢？"曾子说："在小孩儿面前是不能撒谎的。他们年幼无知，经常从父母那里学习知识，听取教诲。如果我们现在说一些欺骗他的话，等于是教他今后去欺骗别人。虽然做母亲的一时能哄得过孩子，但是过后孩子知道受了骗，就不会再相信妈妈的话了。这样一来，你就很难再教育好自己的孩子了。"

曾子的妻子觉得丈夫的话很有道理，于是心悦诚服地帮助曾子做饭。没过多久，曾子的妻子就为儿子做好了一顿丰盛的晚餐。

3. 要約しましょう（下の500字の文章を300字前後の短い文章に要約すること）。

一天早晨，曾子的妻子准备去集市上买东西。刚走出家门，儿子就哭着追来要跟着去。妻子告诉儿子要是他在家里等着，她回来就给他做好吃的菜。于是，儿子就乖乖地留在家里了。

曾子的妻子回来时，看到曾子正在院子里忙碌。她急忙拦住丈夫说家里的东西都是过节时才吃的，她说要做菜只是为了哄儿子，不能当真。曾子认为，大人不该在小孩子面前撒谎，小孩子小的时候都是从父母那里学习知识，学习做人，父母现在欺骗他，就等于教会他将来怎么骗人。况且他今天受了骗，以后就不会再相信父母了，父母也很难再教育好孩子了。

曾子的妻子觉得曾子说的很有道理，于是两个人一起给儿子做了顿丰盛的晚餐。

ある日の早朝、曽子の妻は市場に買物に行こうとした。家を出たとたんに、息子が泣きながら追いかけてきて一緒に行こうとした。妻は息子に、もし家で待っていれば、帰ってからご馳走を作ってあげると言った。すると、息子はたちまちおとなしく家で留守番をした。

曽子の妻は戻ってくると、曽子がちょうど庭で忙しく立ち働いているのを目にした。妻は急いで夫を止めて、家にあるのはみな祭日に食べるために取ってあるもので、自分がご馳走を作ると言ったのはただ子供をあやすためで、本気にしないでほしいと言った。曽子の考えでは、大人は子供の前ででたらめを言ってはならず、子供は幼いころはみな親から知識を学び、人間としてどうあるかを学ぶので、父母が今子供を騙せば、その子に将来人をいかに騙すかを教えるようなものだ。しかも今騙されたら、子供はこれから二度と両親を信じなくなり、両親ももう自分の子供をうまく教え育てるのが難しくなるだろう。

曽子の妻は夫の言うことはもっともだと思い、こうして2人は一緒に子供のために豪華な夕食を作った。

■全訳

ある晴れた早朝、曽子の妻が身づくろいを終え、さっぱりした藍布の新しい衣服に着替えて、市場にちょっとした買い物に行こうとした。彼女が家を出ていくらも歩かないうちに、息子が泣きわめいて追いかけてきて、大騒ぎして彼女と一緒に行きたがった。子供はとても幼く、市場も家から遠いので、連れて行くのは面倒だった。そのため、曽子の妻は息子に言った。「おまえは戻って家で待っていてね、ちょっと買い物をしたらすぐ帰ってくるから。おまえは紅焼肉（ホンシャオロウ）が好きでしょう？　帰ってきてから作ってあげる」この言葉は意外にも効果てきめんで、息子はそれを聞くと、すぐに静かになって、おとなしく家に帰っていった。

曽子の妻が市場から戻ってきて、敷居をまたがないうちに、庭で曽子が忙しく働いている物音が聞こえた。彼女が中に入ってみると、なんと曽子が息子のためにご馳走を作っているところだった。彼女は慌てて近寄って夫を止めてこう言った。「うちにあるものは、みんな年越しや祭日に食べるために取っておいてあるのですよ。私が子供をあやして言ったことをどうして真に受けるのですか？」曽子はこう言った。「子供の前ででたらめなことを言ってはいけない。この子たちは幼くて何も知らないから、いつも親から知識を学び、教えられることを聞いているのだよ。もし私たちが今この子たちを騙すようなことを言ったら、これから人を騙すようになれと教えているようなものだ。母親としていっとき子供をあやすことができても、子供は後で騙されたことを知ったら、二度と母親の言うことを信じなくなるだろう。そうしたら、あなたはもう自分の子供をうまく教え育てるのが難しくなるだろう」

曽子の妻は夫の言うことはもっともだと思い、こうして深く納得して曽子が炊事をするのを手伝った。間もなく、妻は息子のために豪華な夕食を作りあげた。

火曜日

叙述方法（二）

私たちがよく目にする文章に、できごとの結果を書き出しに置いてから、少しずつその結果の原因と経過を示していくものがあります。この方法は、実は「順叙」の一種の変型で、「倒叙」と言われます。人物やものごとの最終的な結末をはじめに書き、そこに至る変化のプロセスを順番に展開していくものです。この方法をしっかりマスターできれば、すぐれた効果を発揮するでしょう。ところがもし失敗すれば、頭でっかちで尻すぼみの前後がちぐはぐな文章になり、その効果も今ひとつです。それでは、今日はこの「倒叙」を勉強しながら、この方法で注意すべき点を確認していきましょう。

■要点のまとめ
倒叙〔できごとの結果を最初に書く〕

倒叙とは何か？

「倒叙」とは、できごと全体の結果や、最も重要で特筆すべき部分を文章の前に置いてから、事件が自然に展開する順序で叙述する方法です。

注意：倒叙は、決して文章全体を「終わり」から「始め」に向けて書くのではなく、文章の結末を最初に置くという方法です。一般的に、文脈がやや入り組んで、複雑なできごとを書く場合に使われます。

実戦問題

■例文

今年年底，小李又一次从新入职的公司辞职了，她很苦恼，跑来找我，要跟我一起吃饭。于是，我请小李去写字楼后面的商场吃日本料理。吃到中途，小李突然跟我说："王总，我有些明白你以前说的话是什么意思了。"

当时我的公司招了一大批应届本科毕业的新新人类。小李是我经过多次面试后招来的。我招小李的一个很重要的原因，除了小李在大学里的优秀表现之外，还因为小李写了一手漂亮的字，这让我对小李不由地增添了很多好感。小李学得很快，很多工作一教就会了，跟各位同事相处得也很融洽。我开始慢慢地给小李一些协调的工作，各部门之间以及各分公司之间的业务联系和沟通也让小李尝试着去处理。

半年以后，小李来找我，第一次提出辞职。我推掉了约会，跟小李谈辞职的问题。问起辞职的原因，小李直言：本科四年，功课优秀，没想到毕业后找到了工作，却每天处理的都是些琐碎的事情，没有成就感。我又问小李："你觉得在你现在所有的工作中，最没有意义的、最浪费你时间精力的工作是什么？"小李马上答我："帮您贴发票报销，然后到财务去走流程，最后把现金拿回来给您。"

我笑着问小李："你帮我贴发票报销有半年了吧？通过这件事，你总结出了一些什么信息？"

小李呆了半天，回答我："贴发票就是贴发票，只要财务上不出错，不就行了呗，能有什么信息？"

于是，我跟小李讲了我当年的一件事。1998 年，公司把我从财务部调到了总经理办公室，担任总经理助理。我有一项工作，就是帮总经理报销他所有的票据。本来这个工作就是把票据贴好，然后完成财务上的流程就可以了。然而，票据其实是一种数据记录，它记录了和总经理乃至整个公司运营有关的费用情况。看起来没有意义的一堆数据，其实涉及公司各方面的经营和运作。于是我建立了一个表格，将总经理让我报销的所有数据按照时间、数额、消费场所、联系人、电话等记录下来。通过这样一份数据统计，我渐渐地发现了上级在商务活动中的一些规律。比如，哪一类的商务活动经常在什么样的场合下举行，费用预算大概是多少，总经理对公共事件的常规和非常规的处理方式等。后来，我的上级发现，他布置工作给我的时候，我都会处理得很好，有一些信息是他根本没有告诉我的，我也能及时准确地处理。他问我为什么，我就告诉了他我的工作方法和信息来源。渐渐地，他把越来越多重要的工作交给我。在我升职的时候，他说我是他用过的最好的助理。

说完这些长篇大论，我看着小李，小李也愣愣地看着我。我跟小李直言："我觉得你最大的问题，是没有用心。在看似简单不动脑子就能完成的工作里，你没有把你的心沉下去。所以半年了，你觉得自己没有进步。"小李没有出声，但收回了辞职报告。

坚持了三个月，小李还是辞职了。那次我没有挽留，让小李走了。

时间：________________

地点：________________

人物：________________

起因：________________

经过：________________

结果：________________

____

→________________

→________________

→________________

→________________

✦ヒントと参考解答訳：

下の方法に従って、10 分で文章の「要点」をつかみましょう。

1. 通読：まず分からない単語は飛ばし、素早く文章を読んで概略を理解し、テーマを明確にしましょう。(3 分)

「倒叙」の文章の書き出しはとても重要で、文章の主題が含まれていることが多く、省略せずに書いた方がよい文もあります。例えば「王总，我有些明白你以前说的话是什么意思了。」(王社長、私は前に社長が言われたことがどういう意味か、少し分かりました）などです。

2. 精読：6 つの要素（時間・場所・人物・原因・経過・結果）を書き出しましょう。(4 分)

時間：今年年底（今年の年末)、当时（当時)、半年以后（半年後)、三个月以后（3 か月後）

場所：公司（会社)、饭店（レストラン）

人物：小李（李さん)、王总（我）（王社長〔私〕）

原因：小李来找王总吃饭（李さんが王社長を訪ねて来て食事をした）

経過：王总回忆之前小李在公司工作的过程（王社長は以前の李さんの会社での仕事の経過を回想した）

結果：小李又辞职了（李さんはまた辞職した）

3. 文章の筋道を整理し、テーマと関係のない文を削って、書きながら記憶しましょう。(3 分)

小李来找王总吃饭（李さんが王社長を訪ねて来て食事をした）
→王总回忆小李刚来时候的表现（王社長は李さんが来たばかりの頃の仕事ぶりを回想した）
→半年后小李来辞职（半年後に李さんが来て仕事を辞めたいと言った）
→王总讲自己的经历（王社長は自分の経験を話した）
→小李还是辞职离开了（李さんはやはり辞職して去った）

今年の年末、李さんは新しく入った会社をまた辞めてしまい、ひどく思い悩んで私のところにやってきて、一緒に食事をしたいと言った。そこで、私は李さんにオフィスビルの裏にあるデパートで日本料理をご馳走した。途中まで食べたところで、李さんは急に私に言った。「王社長、私は前に社長が言われたことがどういう意味か、少し分かりました」

当時、私の会社はその年に大学の本科を卒業したフレッシュな新人を大量に募集した。李さんは私が何度も面接を重ねて採用した人だった。私が李さんを採用したとても重要な理由は、彼女の大学での優れた成績のほか、大変美しい字を書くということもあり、私はこのために思わず李さんにかなりの好感を増すことになった。李さんは非常に飲み込みがよく、たくさんの仕事を一度教えればすぐにマスターし、同僚たちとの付き合いでもよく打ち解けた。私は初め少しずつ李さんに調整的な仕事を与え、各部門や各支社間の業務連絡や橋渡しも試しに李さんに処理させてみた。

半年後、李さんが私のところにやって来て、初めて仕事を辞めたいと切り出した。私はアポイントメントを断って、李さんと辞職のことを話しあった。辞職の理由を聞くと、李さんは率直に言った。大学本科の４年の間、学業は優秀だったが、まさか卒業後に仕事が決まるとは思いもよらなかった。けれど毎日取り扱うのはみな瑣末なことばかりで、達成感がない、という。私はまた李さんに聞いた。「あなたが今やっているすべての仕事の中で、いちばん意味がなくて、いちばん時間と労力を浪費するのは何だと思いますか？」李さんはすぐに答えた。「社長のために伝票を貼って精算し、それから経理部に行って決まった処理をして、最後に現金を社長にお渡しすることです」

私は笑って李さんに聞いた。「あなたは私のために伝票を貼って精算する仕事をして半年になるのでしょう？　このことを通じて、どんな情報が分かりましたか？」

李さんはしばらくぽかんとして、私に答えた。「伝票を貼るのはそれだけのことで、経理上のミスがなければ、それでいいのではありませんか。どんな情報があるのですか？」

そこで、私は李さんに自分の昔の経験を話した。1998年、会社は私を経理部から社長秘書室に配置換えし、社長の経理補佐を担当させた。私が担当した仕事こそ、社長のためにあらゆる領収書を精算することだった。もともとこの仕事は領収書をきちんと貼り、それから経理上の流れを完了すればよいものだった。だが、領収書とは実は一種の数字的な記録で、社長ひいては会社全体の経営にかかわる費用の状況が記録されている。一見意味のない数字データの山だが、実は会社の様々な分野の経営・運営にかかわるものだ。そこで私は１つの表を作り、社長が私に精算させたあらゆる数字データを日付・金額・支払い先・連絡担当者・電話番号などに分けて記録した。このデータの統計を通じて、私は少しずつビジネスの中の法則が見えてきた。例えば、ビジネス上のどんなイベントがいつもどのような場合に行われ、予算はおよそどれくらいか、公的なことがらに対する社長の通常・非通常の処理方法などである。後に私の上司は、彼が私に仕事を割り当てたとき、私がいつも非常によく処理しており、一部の情報は私にまったく知らせていないのに、私がただちに正確に処置できることに気がついた。その理由を聞かれたので、私は自分の仕事の方法と情報の出所を答えた。しだいに、上司はますます重要な仕事を私に任せるようになった。私が昇進したとき、私のことをそれまでに使った最高の助手だったと彼は言ってくれた。

私がこの長い話を終えて、李さんを見ると、彼女はまだぼんやりと私を見ていた。私ははっきり言った。「あなたの最大の問題は、身が入っていないことだと思う。簡単で頭を使わなくてもできるように思える仕事には、あなたは心を込めていない。だから半年経っても、自分が進歩していないと感じるのですよ」李さんは何も言わなかったが、辞職届けを取り下げた。

３か月持ちこたえたが、李さんはやはり仕事を辞めたいと言った。そのとき私は引き止めず、彼女を去るがままにさせた。

■参考例文

辞职

今年年底，小李又辞职了。小李现在终于明白王总当初说的话是什么意思了。

小李是王总招来的。进入公司后，小李很快就融入到了工作当中。王总也慢慢地交给小李一些协调和沟通的工作。

半年以后，小李却提出了辞职，因为她认为自己每天的工作很没有成就感。王总问她最没有成就感的是哪一项工作，小李说是贴发票报销。王总笑着问小李，通过这项工作有没有总结出什么。小李回答没有。

于是，王总跟小李讲了自己的亲身经历。王总从前也是总经理助理，那时他的一项工作，也是帮总经理报销票据。王总认为这些数据其实关系到公司各个方面的工作，因此他将所有数据记录下来，并通过数据统计，发现了一些规律。这样上级布置工作的时候，他每次都处理得很好。渐渐地，总经理就把越来越多重要的工作交代给他，王总很快就升了职。

王总说完后，看着小李，说她最大的问题是没有用心。小李收回了辞职报告。然而小李只坚持了三个月，还是辞职了。这次，王总也没有留小李，让她走了。

辞職

今年の年末、李さんはまた仕事を辞めた。李さんは今ようやく、はじめ王社長が話したのがどういう意味だったのか理解した。

李さんは王社長が採用した。入社後、李さんはとてもスムーズに仕事に溶け込んだ。王社長も少しずつ李さんに調整や連絡の仕事を任せるようになった。

ところが半年後、李さんは仕事を辞めたいと言い出した。自分が毎日やっている仕事には達成感がないからだという。王社長が彼女に、最も達成感がないのはどんな仕事かと聞くと、領収書を貼って精算することだと李さんは言った。王社長は笑いながら、この仕事を通じて何か分かったことがあるかと聞いた。李さんはないと答えた。

そこで、王社長は李さんに自ら身をもって体験したことを話した。王社長もかつて社長の経理補佐をしており、当時の仕事の１つが、社長のために領収書を精算することだった。王社長は、こういったデータは実は会社の各分野の仕事に関係していると考えたので、すべてのデータを記録し、それを分析することにより、一定の法則を発見した。こうして上司に仕事を割り振られると、いつも非常に良く処理した。しだいに、社長はますます重要な仕事を彼に任せるようになり、王社長はほどなく昇進した。

王社長は話し終わると李さんを見て、彼女の最大の問題は身が入っていないことだと言った。李さんは辞職届けを取り消した。だが李さんは３か月持ちこたえただけで、やはり辞めたいと言った。今度は王社長も李さんを引き止めず、去るがままにさせた。

新出単語

（文章の概要をつかむテクニックが大事です。先に新出単語を調べないように！）

辞职	cízhí	（動）	辞職
本科	běnkē	（名）	（大学の）本科
相处	xiāngchǔ	（動）	付き合う
融洽	róngqià	（形）	打ち解ける、融和する
协调	xiétiáo	（動）	調和する、つり合いがとれる
以及	yǐjí	（連）	および、並びに

业务	yèwù	（名）	仕事、業務
沟通	gōutōng	（動）	交流する、疎通する
处理	chǔlǐ	（動）	処理する、解決する
功课	gōngkè	（名）	授業、課業、成績
意义	yìyì	（名）	意義
精力	jīnglì	（名）	精力
发票	fāpiào	（名）	領収書、レシート
报销	bàoxiāo	（動）	（前払金や立替金などを）精算する
财务	cáiwù	（名）	財務
现金	xiànjīn	（名）	現金
信息	xìnxī	（名）	情報
担任	dānrèn	（動）	担任する、担当する
助理	zhùlǐ	（名）	助手、助役
数据	shùjù	（名）	データ
记录	jìlù	（名） （動）	①記録　②記録する
整个	zhěnggè	（形）	全体、全部
费用	fèiyòng	（名）	費用
涉及	shèjí	（動）	触れる、関連する、関係する、かかわる
经营	jīngyíng	（動）	経営する、営む、運営する
数额	shù'é	（名）	定額
消费	xiāofèi	（動）	消費
统计	tǒngjì	（名）	統計
规律	guīlǜ	（名）	法則
预算	yùsuàn	（名）	予算
布置	bùzhì	（動）	手配する
来源	láiyuán	（名）	源、本源、出所
报告	bàogào	（名）	報告

復習と練習

1. 快速阅读下面的文章，列出时间、地点、人物和起因、经过、结果。

从前有一个人，从魏国到楚国去。他带了很多盘缠，雇了最大最好的车，请了驾车技术最好的车夫，驾上骏马上路了。楚国在魏国的南面，可这个人不管这些，只是让车夫赶着马车一直向北走。

在路上，有一个路人问他的车是要往哪里去，他大声回答说："我要去楚国！"路人好心地告诉他说："到楚国去应该往南走，你现在这是在往北走，方向不对。"那人却满不在乎地说："没关系，我的马非常好，跑得快着呢！"路人替他着急，于是拉住他的马，阻止他说："你的方向错了，你的马就算再快，也到不了楚国呀！"那人依然固执地说："没关系，我带的路费多着呢！"路人仍然劝阻他说："虽说你的路费多，可是你走的不是那个方向，你路费再多也只能是白花呀！"那个一心只想着要到楚国去的人，有些不耐烦地说："这有什么难的，我的车夫赶车的本领高着呢！"路人对他无可奈何，只好松开了马，眼睁睁地看着那个盲目的人越走越远了。

时间：________________

地点：________________

人物：________________

起因：________________

经过：________________

结果：________________

参考解答と訳：

1. 以下の文章を素早く読んで、時間・場所・人物・原因・経過・結果を書き出しましょう。

時間：从前（昔）

場所：路上（道中）、魏国（魏の国）、楚国（楚の国）

人物：一个人（ある人）、路人（通りすがりの人）

原因：一个人要从魏国到楚国去（ある人が魏の国から楚の国へ行こうとした）

経過：在路上这个人和路人相遇，路人劝告他朝南走（道中で彼は通りすがりの人と出会い、その人は彼に南に向かって行くよう忠告した）

結果：这个人还是固执地不听劝告，越走越远（彼はそれでも意地になって忠告を聞かず、ますます遠ざかっていった）

昔ある人が、魏の国から楚の国へ行こうとしていた。彼はたくさんの旅費をたずさえ、いちばん大きくて立派な馬車を雇い、運転技術が最も優れた車夫に依頼して、駿馬を駆って出発した。楚の国は魏の南側にあったが、彼はそれにもかかわらず、車夫に命じて馬車を一路、北へ走らせた。

道中、ある通りがかりの人が、この車はどこへ行くのかと彼に聞いた。彼は大きな声で答えた。「楚の国へ行くのですよ！」通りがかりの人は親切に彼に言った。「楚の国へは南に向かって行かなければ。今あなたは北に向かっていて、方向が反対ですよ」だが彼はちっとも気にしないでこう言った。「いいんですよ、私の馬は素晴らしくて、飛ぶように走るんです！」通りがかりの人は彼のために気をもんで、そこでその馬を引き止めて行く手を遮り、こう言った。「あなたは逆方向に向かっています。いくら馬が速くても、楚の国には着きませんよ！」彼は相変わらずこう言い張った。「かまいません、旅費がたっぷりあるんです！」通りがかりの人はそれでも彼を引き止めて言った。「旅費がたくさんあると言っても、あなたが向かっているのはその方向ではありません。どんなに旅費があっても、無駄使いというものですよ！」ひたすら楚の国へ行くことしか頭になかった彼は、少ししびれを切らして答えた。「難しいことがあるものか、私の車夫の腕前は最高なんだ！」通りすがりの人はどうしようもないと思い、やむなく馬から手を離して、その無鉄砲な人がどんどん遠ざかっていくのをあっけにとられて眺めた。

2. 列出下面文章的叙述顺序。

鹰王和鹰后从遥远的地方飞到了远离人类的森林里。他们打算在密林深处定居下来，于是就挑选了一棵既高大又枝繁叶茂的橡树，在最高的一根树枝上开始筑巢，准备在这儿生育后代。

鼹鼠看到后，好心向鹰王提出警告："这棵橡树可不是安全的住所，它的根几乎烂光了，随时都有倒掉的危险。你们最好不要在这儿筑巢。"

鹰王根本瞧不起鼹鼠，心想：真是怪事啦！老鹰还需要鼹鼠来提醒？你们这些躲在洞里的家伙，难道想怀疑老鹰锐利的眼睛吗？鼹鼠是什么东西，竟然胆敢跑出来干涉鹰王的事情？

于是鹰王毫不理睬鼹鼠善意的劝告，只顾动手筑巢，当天全家就搬了进去。不久，鹰后孵出了一窝可爱的小家伙。

一天早晨，太阳刚刚升起来，外出捕食的鹰王带着丰盛的早餐飞回来时，却被眼前的景象惊呆了：那棵橡树倒了，他的鹰后和子女都已经摔死了。

鹰王悲痛不已，放声大哭道："我是多么愚蠢啊！我竟然把最好的忠告当成了耳边风，所以，命运就给予我这样严厉的惩罚。我从来不曾料到，一只鼹鼠的警告竟会是这样准确，真是怪事啊！"

谦恭的鼹鼠答道：“轻视从下面来的忠告是愚蠢的。你想想看，我就在地底下打洞，和树根十分接近，树根是好是坏，有谁会比我更清楚呢？”

____

→____________________

→____________________

→____________________

→____________________

参考解答と訳：

2. 以下の文章の叙述の順序を書き出しましょう。

鹰王和鹰后开始筑巢（タカの王とタカの女王が巣作りを始めた）

→鼹鼠警告鹰王（モグラがタカの王に注意した）

→鹰王拒绝（タカの王は耳を貸さなかった）

→橡树倒掉（クヌギの木が倒れた）

→鹰王后悔，觉得奇怪（タカの王は後悔し、不思議に思った）

→鼹鼠说出警告的理由（モグラは注意した理由を説明した）

タカの王と女王が、遥か遠い場所から人里離れた森の中へ飛んできた。彼らはジャングルの奥深くに住まいを定めようと思い、高くてよく枝葉の茂ったクヌギの木を選んで、てっぺんの枝の上で巣作りを始め、そこで子孫を産み育てようとした。

モグラはこれを見て、親切にタカの王に注意した。「このクヌギの木は決して安全な住み家ではありませんよ。根っこがほとんど腐っていて、いつでも倒れる危険があります。ここには巣を作らないのがいちばんです」

タカの王は初めからモグラを馬鹿にしていて、こう思った。なんとおかしなことだ！　タカにどうしてモグラの注意が必要だろうか？　お前たちのように穴の中に住んでいるやつが、まさかタカの鋭い目を疑おうというのか？　モグラなんてどれほどのものか、何と向こう見ずにも出てきてタカの王のすることに口を出そうなんて？

そこでタカの王はモグラの善意の注意にまったく取り合わず、ひたすら作業して巣を作ることに専念し、その日のうちに一家が引っ越した。間もなく、タカの女王は可愛らしいヒナを巣の中の卵からかえした。

ある日の早朝、太陽が昇ったばかりで、外に餌を取りに出たタカの王がたっぷりと朝食を持って飛んで帰ってきたとき、目の前の光景に呆然とした。そのクヌギの木は倒れ、タカの女王とヒナはもう落ちて死んでいた。

タカの王は悲痛にくれ、大声をあげて泣いた。「なんて馬鹿だったんだろう！　おれは最高の注意に耳を貸さなかった。だから、運命はおれにこんなひどい罰を与えたのだ。モグラの注意がまさかこれほど正しいとは、考えたこともなかった。本当に不思議なことだ！」

謙虚なモグラはこう答えた。「下の者からくる忠告を軽く見るのは愚かなことですよ。考えてもみてください、私は地下に穴を掘って、木の根ととても近いところにいるのです。私より根っこの良し悪しがよく分かる者がいるでしょうか？」

3. 缩写（把下面这篇700字的文章缩写成400字左右的短文）。

传说太古时候，天和地还没有分开，整个宇宙像个大鸡蛋，里面混沌一片，分不清上下左右，也辨不清东南西北。在这混沌之中孕育着一个伟大的英雄，他就是盘古。盘古足足沉睡了一万八千年才醒过来。他睁开眼睛，只觉得眼前漆黑一片，酷热难当，简直透不过气来。他想站起来，但“鸡蛋壳”紧紧地包着他的身体，连舒展一下手脚都办不到。急切间，他拔下自己的一颗牙齿，把它变成了威力巨大的神斧，盘古抡起神斧用力向周围一挥，只听得一声震耳欲聋的巨响，“鸡蛋”骤然破裂，变成两部分，一部分轻而清，一部分重而浊。轻而清的东西不断向上飘升，变成了天；重而浊的东西，渐渐下沉，变成了大地。盘古就这样头顶天、脚踏地地诞生于天地之间。

盘古高兴极了，但他担心天地重新合拢，就用头顶着天，脚踏着地，在天地间不断长大。他每天增高一丈，天就随之升高一丈，地也随之增厚一丈。这样又过了一万八千年，盘古已经成为一个顶天立地的巨人。又经历了好几万年，终于天稳地固。天地逐渐成形了，盘古这才放下心来，但这位开天辟地的英雄此时已是筋疲力尽，再也没有力气支撑自己了，他巨大的身躯轰然倒地。

盘古倒下后，他的身体发生了巨大的变化。他呼出的气变成了四季的风和流动的云，他发出的声音化作了隆隆的雷鸣，他的左眼变成了太阳，右眼变成了月亮，他的头发和胡须变成了闪烁的星辰，他的脑袋和手脚变成了高山和大地上的东、西、南、北四极，他的血液变成了奔流不息的江河湖海，他的肌肉化成了辽阔肥沃的土地，他的皮肤和汗毛化作花草树木，他的牙齿骨头化作金银铜铁、玉石宝藏，他的汗水变成了雨水和甘露。从此便有了世界。

参考解答と訳：

3. 要約しましょう（下の 700 字の文章を 400 字前後の短い文章に要約すること)。

传说太古时候，天地不分，整个宇宙像个大鸡蛋，分不清上下左右、东南西北。盘古在这个“鸡蛋”里沉睡了一万八千年才醒过来。他觉得眼前漆黑一片，想站起来也办不到。盘古就用自己的牙齿变出一把大斧，用力一挥，“鸡蛋”破裂了，其中轻而清的东西不断向上升，变成了天，另一些重而浊的东西下沉，变成了地。

盘古高兴极了，但他担心天地重新合拢，就用头顶着天，脚踏着地。他每天成长，天地也随着升高增厚。这样又过了一万八千年，盘古已经成为一个顶天立地的巨人。又经历了好几万年，天地终于成形，但盘古也累得倒下了。

盘古倒下以后，他呼出的气变成了风和云，声音化作了雷鸣，眼睛变成了太阳和月亮，头发和胡须变成了星辰，脑袋和手脚变成了高山和大地的四极，血液变成了江河湖海，肌肉化成了土地，皮肤和汗毛化作花草树木，牙齿骨头化作金银铜铁、玉石宝藏，汗水变成了雨水和甘露。从此就有了世界。

伝説によれば太古の時代、天地は分かれておらず、宇宙全体が大きなタマゴのようで、上下左右・東西南北も分かれていなかった。盤古はこの「タマゴ」の中で 1 万 8 千年熟睡して目を覚ました。目の前が一面の漆黒の闇なのを感じ、立ち上がろうとしてもできなかった。そこで盤古が自分の歯を一本の大きな斧に変え、力いっぱい降りかざすと、「タマゴ」は割れて、その中の軽くて清らかなものは上に昇りつづけて天になり、もう一方の重くて濁ったものは下に沈みつづけて地になった。

盤古は大喜びしたが、天地がまた合わさるのを心配し、頭で天を支え、足で地に踏ん張った。彼は毎日成長し、天地もそれにつれて高く厚くなっていった。こうしてまた1万8千年が過ぎ、盤古はもう天地にそびえ立つ巨人になっていた。さらに数万年が過ぎ、天地はついに形をなしたが、盤古も疲れて倒れてしまった。

盤古が倒れた後、彼が吐いた息は風や雲になり、声は雷鳴に、目は太陽と月に、髪の毛とひげは星になった。頭と手足は高い山と大地の四極に、血液は川や湖や海に、筋肉は大地に、皮膚とうぶ毛は草花や樹木に、歯と骨は金・銀・銅・鉄と宝石や地下資源に、汗は雨水や露になった。こうして世界が生まれた。

■全訳

伝説によれば太古の昔、天と地はまだ分かれておらず、宇宙全体は大きなタマゴのようで、中は全体が混沌として、上下左右の別もなく、東西南北もはっきりしなかった。この混沌の中で1人の偉大な英雄が育まれ、彼を盤古という。盤古はたっぷり1万8千年熟睡して目を覚ました。彼が目を開けると、目の前は一面の漆黒の闇しか感じられず、耐え難いほど暑く、まるで空気が通っていなかった。彼は立ち上がろうとしたが、「タマゴの殻」がきつく彼の体を包んでいて、ちょっと手足を伸ばすこともできなかった。彼はとっさに自分の歯を1本抜いて、それを巨大な威力のある神斧に変え、持ち上げて周囲に力いっぱい振り回すと、耳をつんざくような大きな音がして、「タマゴの殻」は大きな音を立てて割れ、2つの部分に分かれた。半分は軽くて澄んでおり、半分は重くて濁っていた。軽くて澄んだものは上に昇り続け、天になった。重くて濁ったものは下に沈み続け、大地になった。盤古はこうして頭は空を支え、足は大地を踏んで天地の間に誕生した。

盤古は大喜びしたが、天地がまた合わさるのを心配した。そこで頭で天を支え、足は地に踏ん張って、天地の間で成長しつづけた。彼は毎日一丈〔約3.3メートル〕背を伸ばし、天はそれにつれて一丈高くなり、地も同じように一丈厚くなった。こうしてまた1万8千年が過ぎ、盤古はもう天地にそびえ立つ巨人になっていた。さらに数万年が過ぎ、ついに天と地が定まった。天地がしだいに形をなすと、盤古はようやく安心したが、この天地開闢の英雄はこのときもう疲れ切って力尽き、これ以上自分を支える力がなく、その巨大な体は大きな音を立てて地に倒れた。

盤古が倒れた後、その体には大きな変化が起こった。彼が吐いた息は四季の風と流れる雲となり、出した声はゴロゴロと雷鳴になり、その左目は太陽に、右目は月に、髪の毛とひげは輝く星になった。その頭と手足は高い山と大地の東西南北の四極に、血液は奔流してやまない川や湖や海に、筋肉は広く肥沃な大地に、皮膚とうぶ毛は草花や樹木に、歯と骨は金・銀・銅・鉄や宝石や地下資源に、汗は雨水や露となった。こうして世界が生まれた。

水曜日

叙述方法（三）

ここまで「順叙」「倒叙」という２つの叙述方法を勉強してきました。今日はこのほかに２つの叙述方法を見てみましょう。文章を読むとき、叙述の途中である状況の概要が挟まれたり、関係が説明されたり、矛盾する内容について補助的な解説がされることがあります。そのほか、叙述の中で文章や段落を補って、前の内容を説明すると同時に、次の内容のために必要な解説を行うこともあります。これが新しく学ぶ２つの叙述方法で、それぞれ「挿叙」と「補叙」と呼びます。これから具体的に学んでいきましょう。

■要点のまとめ

挿叙〔関連内容を挿入する〕と補叙〔説明的内容を補足する〕

❶ 挿叙とは何か？

「挿叙」とは、中心となる出来事を叙述する途中で、関係のある回想やエピソードなどの内容を挿入してから、再び中心となる出来事の叙述につなぐ方法です。

挿入される内容は中心となる出来事を補足したり、引き立てたりするもので、その目的は文章のテーマをより鮮明にすることです。この方法には２つの長所があります。１つは読み手に文章の内容を理解しやすくすること。もう１つは文章に緩急を持たせ、生き生きと親しみやすい感じを出すことです。この説明や解説は一般的にあまり長すぎず、回数も多すぎず、文章の中ではほんの一部で、全体の中心にはなりません。

❷ 補叙とは何か？

文章の内容によっては、前の部分で書いた人やものごとに簡単な補足説明を行うことがあります。この文章技法を「補叙」と呼びます。

補叙の段落や文章は、主にもとの叙述の不足点を補ったり、内容を豊富にしたりします。

実戦問題

■例文

他小的时候，是非常自卑的，因为他背上的那两道非常明显的疤痕。这两道疤痕，就像是两道暗红色的裂痕，从他的脖子一直延伸到腰部，上面布满了扭曲鲜红的肌肉。所以，他非常非常讨厌自己，非常害怕换衣服。尤其是上体育课的时候，他总是一个人偷偷地躲到角落里，背部紧紧地贴住墙壁，用最快的速度换上运动装，生怕别人发现他的背部有这么可怕的缺陷。

原来他在刚出生的时候，就生了重病，经过几次手术，他的命保住了，可是他的背部也留下了两条清楚的疤痕……

可是，时间久了，其他小朋友还是发现了他背上的疤，然后都离他远远的，再也不想理他了。他哭着跑出教室，从此再也不敢在教室里换衣服，再也不愿上体育课了。

他的妈妈去找老师，仔细地向老师讲述了他的故事。老师惊异地看着这两道疤，有点儿心疼地轻轻摸着他的头，说："我知道，我一定会想办法的。"

转眼又到了上体育课的时候，他怯生生地躲在角落里，脱下了他的上衣。

不出所料，所有的小朋友又发出了惊异和厌恶的声音。

就在这时，教室门突然被打开，老师出现了。

几个同学马上跑到老师面前说："老师你看……他的背好可怕，好像两只超级大虫。"

老师没有说话，只是慢慢地走向他，然后露出诧异的表情。"这不是虫喔，"老师眯着眼睛，很专注地看着他的背部，说道，"老师曾经听过一个故事，大家想不想听？"

小朋友们最爱听故事了，连忙围了过来，说："要听！老师我们要听！"

老师指着他背上那两条显眼的疤痕，说道："这是一个传说，每个小朋友，都是天上的天使变成的，有的天使变成小孩的时候很快就把他们美丽的翅膀脱下来了，有的小天使却动作比较慢，来不及脱下他们的翅膀。这时候，那些脱下翅膀慢的小孩子，就会在背上留下这样的两道痕迹。"

"哇！"小朋友们发出惊叹的声音，"那这是天使的翅膀喽？"

"对啊。"老师露出神秘的微笑。所有的小朋友听到老师这样说，马上开始互相检查对方的背。可是，没有人像他一样。

突然，一个小女孩轻轻地说："老师，我们可不可以摸摸小天使的翅膀？"

"这要问小天使肯不肯啦。"老师微笑地向他眨眨眼睛。

他鼓起勇气，羞怯地说："……好。"

一堂体育课，一个奇特的景象，教室里几十个小朋友排成长长的一排，等着摸他的背。

他背对着大家，听着每个人充满赞叹和羡慕的啧啧声，还有抚摸时那种奇异的麻痒感觉，他的心里不再难过了。他脸上的泪痕虽然还没干，却已经露出了久违的笑容……

直到今天，他仍深深感激老师那一句"这是天使的翅膀"。就是这句话让他重拾信心，取得了全国游泳比赛的冠军。

时间：__________

地点：__________

人物：__________

起因：__________

经过：__________

结果：__________

____

→__________

→__________

→__________

→__________

✦ヒントと参考解答訳：

下の方法に従って、10分で文章の「要点」をつかみましょう。

1. 通読：まず分からない単語は飛ばし、素早く文章を読んで概略を理解し、テーマを明確にしましょう。（3分）

文章を通読するさいには、文章の「挿叙」部分に注意し、印をつけておきましょう。例えば"原来他刚出生的时候……"（実は彼は生まれたばかりのとき……）などです。

2. 精読：6つの要素（時間・場所・人物・原因・経過・結果）を書き出しましょう。（4分）

時間：小的时候（小さいころ）、刚出生的时候（生まれたばかりのとき）、上体育课的时候

（体育の時間）、过几天（数日後）、今天（現在）

場所：学校教室（学校の教室）

人物：他（彼）、妈妈（母親）、老师（先生）、同学（クラスメイト）

原因：他讨厌自己身上的疤痕，害怕上体育课（彼は自分の傷あとを嫌がり、体育の授業を怖がった）

経過：疤痕被发现，妈妈去请求老师帮助，老师告诉同学们天使翅膀的故事（傷あとが見つかり、母親は先生に助けを求め、先生はクラスメイトたちに天使の翼の物語を話した）

結果：他感激老师，重拾信心，取得了游泳比赛冠军（彼は先生に心から感謝して、自信を取り戻し、水泳大会で優勝した）

3. 文章の筋道を整理し、テーマと関係のない文を削って、書きながら記憶しましょう。（3分）

他讨厌自己的疤痕（彼は自分の傷あとを嫌がった）

→疤痕被小朋友们发现（傷あとが子供たちに見つかった）

→妈妈请求老师帮助（母親は先生に助けを求めた）

→第二天老师讲了天使翅膀的故事（次の日に先生は天使の翼の物語を話した）

→小朋友们都羡慕他（子供たちはみな彼をうらやましがった）

→他重拾信心获得成功（彼は自信を取り戻して成功した）

その男の子は小さいころ、強い劣等感を持っていた。なぜなら背中に2本のはっきり分かる傷あとがあったからだ。この2本の傷あとは、まるで2本の赤黒い裂け目のように、彼の首から腰までまっすぐに延び、その上は歪んだ真っ赤な筋肉で覆われていた。そのため、彼は心から自分のことを嫌がり、服を着替えるのをとても恐れた。特に体育の授業のときは、いつも1人でこっそりと隅に隠れ、背中をぴったりと壁にくっつけて、瞬く間に運動着に着替え、自分の背中にそんな恐ろしい欠陥があることに他の人が気づくのを恐れた。

実は彼は生まれたばかりのとき重病にかかり、数回の手術を経て命を取り留めたが、その背中にも2本のはっきりした傷あとが残ってしまった……。

ところが、時間が経つと、他の友達もやはり彼の背中の傷あとを見つけて、それからみんな彼のことをすっかり避けて、もう彼に関わろうとしなくなった。彼は泣きながら教室を飛び出し、それから二度と教室で服を着替えたり、体育の授業に出たりしたがらなくなった。

彼の母親は先生のところに来て、息子の事情を詳しく話した。先生はびっくりしてその2本の傷あとを見て、慈しむようにそっと彼の頭を撫で、こう言った。「分かりました。必ず解決法を考えます」

間もなくまた体育の時間が来たとき、彼はびくびくして隅っこに隠れ、上着を脱いだ。

不意に、子供たち全員がまた驚きと嫌悪の声をあげた。

ちょうどそのとき、教室のドアが突然開けられ、先生が現れた。

数人のクラスメイトがすぐに先生の前に駆け寄ってこう言った。「先生見て……あの子の背中は怖くて、2匹のとっても大きい虫みたい」

先生は何も言わず、ただゆっくりと男の子の方に歩いていき、それから不思議そうな表情をした。「これは虫じゃないよ」先生は目を細めて、じっと集中して彼の背中を見つめ、こう言った。「先生はあるお話を聞いたことがあるんだけど、みんな聞きたい？」

子供たちは物語を聞くのが大好きで、慌てて先生を取り囲んで言った。「聞きたい！ 先生、僕たち聞きたい！」

先生は男の子の背中にある、その2本の目を引く傷あとを指して、こう言った。「これはある伝説で、子供たちはみんな、空の天使が変身したものなんだって。子供に変わるときすぐに美しい翼を外してしまう天使もいれば、動作がちょっと遅くて、翼を外すのが間に合わなかった天使もいる。このとき、翼を外すのが遅かった子供には、背中にこういう2本の傷あとが残っているんだ」

「わあ！」子供たちは驚きの声をあげた。「じゃあ、これは天使の翼なの？」

「そうだよ」先生は秘密めいた微笑みを浮かべた。子供たちはみんな先生がそう言うのを聞いて、すぐにお互いの背中を調べはじめた。でも、男の子と同じような人はいなかった。

突然、ある女の子がそっと言った。「先生、私たち天使の翼を触ってもいい？」

「それは天使に聞いてみなくちゃね」先生は微笑みながら男の子に目くばせした。

彼は勇気をふりしぼって、恥ずかしそうにこう言った。「……いいよ」

体育の授業中に、珍しい光景が生まれ、教室の中で数十人の子供たちが長い列を作り、男の子の背中を触るのを待っていた。

彼はみんなに背中を向けて、一人ひとりが称賛と羨望に満ちた声を口々に上げるのを聞き、それに撫でられるときの奇妙なくすぐったさを感じて、もう辛くなくなった。顔の涙のあとはまだ乾いていなかったけれど、もう久しぶりの笑顔を見せていた……。

今日に至るまでなお、彼はあの先生の「これは天使の翼だ」という一言に深く感謝している。その一言で彼は自信を取り戻し、全国の水泳大会で優勝することになったのだ。

■参考例文

天使的翅膀

他小的时候非常自卑，因为他的背上有两道手术后留下的非常难看的疤痕。所以，他非常讨厌自己，非常害怕换衣服。尤其是上体育课的时候，他总是一个人偷偷地躲到角落里换衣服，害怕别人发现他背部有这么可怕的缺陷。

可是，时间久了，其他小朋友还是发现了疤痕，然后都嘲笑他。他的妈妈去找老师。老师很心疼他，答应妈妈想一个办法。

几天后，上体育课的时候，小朋友们看到他的疤痕，再次发出了惊异和厌恶的声音。这时，老师来了。老师给全班同学讲了一个故事:有一个传说，每个小朋友，都是天上的天使变成的，有的天使变成小孩的时候很快就把他们美丽的翅膀脱下来了，有的小天使却来不及脱下他们的翅膀，结果就会在背上留下这样的两道疤痕。

小朋友们听完故事都发出惊叹的声音，也互相检查看看自己有没有这样的疤痕。没有疤痕的小朋友们突然都开始羡慕起他来，他们排成长长的一队，想摸摸这传说中的“天使的翅膀”。

他听着别人的赞叹，心里也不再难过了，露出了开心的笑容……

直到今天，他仍深深感激老师那一句“这是天使的翅膀”。就是这句话让他重拾信心，取得了全国游泳比赛的冠军。

天使の翼

彼は小さいころ強い劣等感があり、それは背中に手術で残ったとても醜い２本の傷あとがあるからだった。そのため、彼は心から自分のことを嫌がり、服を着替えるのをとても恐れた。なかでも体育の時間には、いつも１人でこっそり隅っこに隠れて着替え、他の人にこの背中の恐ろしい欠点が見つかることに怯えていた。

ところが、時間が経つと、他の子供はやはり傷あとを見つけ、みんなで彼をからかった。彼の母親は先生のところに行った。先生は彼のことをとても慈しんで、母親に何とか解決法を考えると答えた。

数日後、体育の時間のとき、子供たちは彼の傷あとを見て、また驚きと嫌悪の声をあげた。このとき、先生がやってきた。先生はクラスの全員にある物語を聞かせた。１つの伝説があり、子供はみんな空の天使が変身したものだという。子供に変身するときすぐに美しい翼を外してしまう天使もいれば、翼を外すのが間に合わず、背中にこんな２本の傷あとが残った天使もいる。

子供たちは物語を聞き終わるとみな驚きの声を上げ、お互いに自分にこの傷あとがあるかどうか調べた。傷あとのない子供たちは急に彼を羨みはじめ、長い列を作ってこの伝説の中の「天使の翼」を触ろうとした。

彼は他の子供が称賛する声を聞いて、もう辛い思いはしなくなり、嬉しそうな笑顔を見せた……。

今日に至るまでなお、彼はあの先生の「これは天使の翼だ」という一言に深く感謝している。この一言で彼は自信を取り戻し、全国の水泳大会で優勝することになったのだ。

新出単語

（文章の概要をつかむテクニックが大事です。先に新出単語を調べないように！）

自卑	zìbēi	（形）	劣等感（をもつ）
明显	míngxiǎn	（形）	はっきり、明らか
疤	bā	（名）	傷あと
延伸	yánshēn	（動）	延びる、延ばす
肌肉	jīròu	（名）	筋肉
角落	jiǎoluò	（名）	隅、隅の方
可怕	kěpà	（形）	恐ろしい
缺陷	quēxiàn	（名）	欠陥、不備
手术	shǒushù	（名）	手術
心疼	xīnténg	（動）	かわいがる、慈しむ
厌恶	yànwù	（動）	嫌悪する
超级	chāojí	（形）	特級の、スーパー
诧异	chàyì	（形）	不思議に思う、いぶかる、怪しむ
眯	mī	（動）	目を細める
传说	chuánshuō	（名）	伝説
翅膀	chìbǎng	（名）	羽、翼
痕迹	hénjì	（名）	痕跡、跡
赞叹	zàntàn	（動）	賛嘆する、称賛する
痒	yǎng	（形）	かゆい、くすぐったい
感激	gǎnjī	（動）	感激する
冠军	guànjūn	（名）	優勝、優勝者、チャンピオン

復習と練習

1. 快速阅读下面的文章，列出时间、地点、人物和起因、经过、结果。

有一位登山者一直想要登上某世界高峰。经过多年的准备后，他独自开始攀登。夜幕降临，月亮和星星被云层遮住了，登山者什么都看不见。就在离山顶只剩几米的地方，他滑倒了，快速地往下坠。危急时刻，系在腰间的绳子拉住了他，他整个人被吊在半空中。

在这种上不着天、下不着地、求助无门的境况中，登山者一点儿办法也没有，只好大声呼叫："上帝啊！救救我！"

出人意料的是，天上有个低沉的声音响起："你要我做什么？"

"上帝，救救我！"

"你真的相信我可以救你吗？"

"我当然相信！"

"把系在腰间的绳子割断！"

在短暂的考虑之后，登山者决定继续全力抓住那根救命的绳子。

第二天，搜救队发现了一具冻僵的登山者的遗体。他挂在一根绳子上，手紧紧地抓住那根绳子，而在他的下方，地面离他仅仅 3 米……

时间：__________

地点：__________

人物：__________

起因：__________

经过：__________

结果：__________

参考解答と訳：

1. 以下の文章を素早く読んで、時間・場所・人物・原因・経過・結果を書き出しましょう。

時間：夜幕降临（夜のとばりが降りたとき）、第二天（次の日）

場所：离山顶只剩几米的地方（山頂からわずか数メートルのところ）、半空中（空中）

人物：登山者（登山者）、上帝（神）、搜救队（捜索救助隊）

原因：登山者滑倒（登山者が滑って転んだ）

経過：登山者向上帝求救，上帝给他建议，登山者没有相信上帝的话（登山者が神に助け

を求め、神は彼に助言したが、登山者は神の言うことを信じなかった）

結果：登山者被冻死（登山者は凍死した）

ある登山者が、ずっと世界の高峰の某山に登りたいと思っていた。長年の準備の後、彼は１人で登りはじめた。夜のとばりが降りて、月と星は雲の層に遮られ、登山者は何も見えなくなった。山頂からたった数メートルを残したところで、彼は滑って転び、あっという間に下に墜落した。危ないところで、腰に結んだロープに引っ張られて、体全体が空中に宙吊りになってしまった。

上は天に届かず、下は地に着かず、助けを求める人もいない苦況のなかで、登山者はまったく手も足も出ず、大声で叫ぶほかなかった、「神様！ 助けてください！」

思いがけないことに、空から低い声が響きわたった。「お前は私に何をしてほしい？」

「神様、私を助けてください！」

「私がお前を助けられると本当に信じるか？」

「もちろん信じます！」

「腰に結んだロープを切れ！」

瞬時の迷いの後、登山者は全力でその救命ロープを掴み続けることに決めた。

次の日、捜索救助隊は凍りついた登山者の遺体を発見した。彼は１本のロープに吊るされ、手はしっかりとそのロープを握りしめていたが、彼の下では、地面はわずか３メートルのところにあった……。

2. 列出下面文章的叙述顺序。

有一个农夫，他每天都到田里辛苦地工作，来维持全家的生活。

有一天，那个农夫又像往常一样到田里工作，突然，一只跑得非常急的兔子，从草丛中蹿出来，竟然不小心一头撞死在田边的大树旁。“哇！怎么有这种事？我真是幸运。要是天天有这样的大兔子送上门来的话，不是比耕田的收获更多吗？而且田里的工作忙也忙不完，哪有在树下捡兔子来得轻松啊！”农夫心中想着，就捡起兔子回家去了。

从此以后，那个农夫不再耕田了，每天就坐在田边的大树下，等候兔子来撞树。日子一天一天地过去了，他都没有等到一只兔子，可是他仍然不死心，还是每天坐在树下。“哼！我就不相信！今天等不到，明天总会等到吧！”

过了好几个月，不仅没有捡到兔子，连兔子的影子都没见着呢！农夫的那几块地，也因为太久没有耕种，都长满了杂草。

____

→______________________________

→

→

→

参考解答と訳：

2. 以下の文章の叙述の順序を書き出しましょう。

农夫在田里工作（農夫が田畑で働いていた）

→农夫见到兔子撞死（農夫はウサギがぶつかって死ぬのを見た）

→农夫不再耕田（農夫はもう農作業をしなかった）

→每天等兔子（毎日ウサギを待った）

→农夫再也没见到兔子（農夫は二度とウサギを見なかった）

ある農夫が、毎日田畑に出て苦労して働き、一家の生活を支えていた。

ある日のこと、その農夫がいつものように田畑に出て働いていると、突然、息せき切った1匹のウサギが、草むらの中から飛び出し、なんと不注意にも野辺の大木の傍らにぶつかって死んでしまった。「えっ！ こんなことがあるものか？ 俺はなんて運がいいんだ。もし毎日こんな大きなウサギがやって来てくれたら、田畑を耕すよりずっと収穫が多いじゃないか？ それに野良仕事はやってもやっても終わらないし、木の下でウサギを拾うより楽なことがあるだろうか？」農夫は心の中でこう思って、ウサギを拾い上げて家に帰った。

それからというもの、その農夫は二度と野良仕事をしなくなり、毎日野辺の大木の下に座り、ウサギがやって来て木にぶつかるのを待った。日一日と過ぎていき、彼は1匹のウサギも手にしなかったが、それでもなおあきらめず、やはり毎日木の下に座っていた。「ふん！ おれは信じないぞ！ 今日現れなければ、明日はきっと来るだろう！」

何か月も過ぎたが、ウサギを手にしなかっただけでなく、その姿さえ見ることはなかったのだ！ 農夫のそのいくらかの土地は、長いあいだ耕さなかったため、すっかり雑草が生い茂ってしまった。

3. 缩写（把下面这篇800字的文章缩写成400字左右的短文）。

◆ 例文：

“80后”女孩卢芊羽家住江苏省昆山市玉山镇，上班在上海市闸北区，两地相距50多公里。搭乘高铁或动车最快的一班仅需19分钟、票价24元，加上昆山搭乘公交15分钟、票价2元，上海搭乘地铁20分钟、票价3元，约1个小时后，卢芊羽便能从昆山家中赶到上海的公司上班。而1个小时的上班路程，对于多数在上海的上班族来说早已司空见惯。

2005 年大学毕业后，卢芊羽从河南家乡追随姐姐来到昆山并居住在一起。所不同的是，她没有像姐姐一样在昆山工作，而是把第一份工作地选在了自幼向往的上海。也正是从那时起，她往返昆山与上海之间的双城生活正式拉开序幕。

卢芊羽和同事一起在办公室工作。在上海拼搏的几年间，卢芊羽先后从事过电话邮购、化妆品营销等工作。今年年初，她与两位合作伙伴在创业孵化基地创立了一家属于自己的化妆品营销公司，利用微信等手机终端平台进行营销。

在公司，得闲的时候，卢芊羽喜欢陪同事领养的两只宠物狗玩耍。

中午饭卢芊羽在公司的食堂解决。

下班后，卢芊羽走进上海火车站准备搭乘高铁回昆山。卢芊羽刷二代身份证检票进入铁路上海站。

上海火车站，候车的间隙，卢芊羽与其他年轻人一样，习惯低头看手机。

刚下高铁的卢芊羽给姐姐打电话。卢芊羽说："上海是我事业起航的地方，而昆山则又是亲情的寄托，两者都很难割舍。"一张高铁票，维系着她的事业和亲情。

卢芊羽在出租屋的窗台前望着窗外的灯火。如今，随着中国区域铁路的发展，尤其是 2013 年开通的上海地铁 11 号线 2 期直通昆山花桥之后，往返于昆山和上海之间的交通也越来越便利。越来越多的人像"80 后"女孩卢芊羽一样工作在上海，居住在昆山，将铁路动车、地铁轻轨作为上下班的交通工具，往返于上海和昆山城际之间，过着名副其实的双城生活。

参考解答と訳：

3. 要約しましょう（下の 800 字の文章を 400 字前後の短い文章に要約すること）。

“80 后”女孩卢芊羽家住江苏省昆山市玉山镇，上班在上海市闸北区。她每天上班需要搭乘高铁或动车等交通工具，并花费一个小时的时间。大学毕业后，她把第一份工作选在了上海，也正是从那时起，她往返昆山与上海之间的双城生活正式拉开序幕。在上海拼搏的几年间，卢芊羽先后从事过电话邮购、化妆品营销等工作。今年年初，她与两位合作伙伴在创业孵化基地创立了一家属于自己的化妆品营销公司，利用微信等手机终端平台进行营销。卢芊羽说：“上海是我事业起航的地方，而昆山则又是亲情的寄托，两者都很难割舍。”一张高铁票，维系着她的事业和亲情。如今，随着中国区域铁路的发展，往返于昆山和上海之间的交通便得越来越便利。越来越多的人像“80 后”女孩卢芊羽一样工作在上海，居住在昆山，将铁路动车、地铁轻轨作为上下班的交通工具，往返于上海和昆山城际之间，过着名副其实的双城生活。

「80 後」〔1980 年代生まれ〕女性である盧芊羽の住まいは江蘇省崑山市の玉山鎮にあり、上海市閘北区で働いている。彼女は毎日の通勤には高鉄や特急などの交通機関を使わねばならず、さらに 1 時間の時間がかかる。大学卒業後、彼女は最初の仕事を上海で探し、まさにそのときから、崑山と上海とを行き来する二都市生活も正式に幕を開けた。上海で奮闘した数年間、盧芊羽は電話での通信販売、化粧品のセールスなどの仕事に次々に携わった。今年の初め、彼女は 2 人の仕事のパートナーとともに起業インキュベーションファームで自らの化粧品セールス会社を立ち上げ、微信などの携帯端末プラットフォームでセールスを行っている。盧芊羽はこう語る。「上海は私の仕事の離陸ポートですが、崑山は家族愛を寄せる場所で、どちらもとても捨て難いのです」1 枚の高鉄の切符が、彼女の仕事と家族への思いをつないでいる。今では、中国の地方鉄道の発展に伴い、崑山・上海間を往復する交通は便利になる一方だ。ますます多くの人が「80後」女性の盧芊羽のように、上海で働き、崑山に住まいを持ち、鉄道の特急列車と地下鉄の都市交通を通勤の交通手段として、上海・崑山の間を往復し、名実ともに二都市生活を送っている。

■全訳

「80後」女性である盧芊羽の住まいは江蘇省崑山市玉山鎮にあって、上海市閘北区で働いており、その距離は50キロ以上離れている。高鉄〔新幹線〕か特急に乗れば最速でわずか19分だが、切符代は24元かかる。さらに崑山で交通機関に15分乗って切符代が2元、上海で地下鉄に20分乗って切符代が3元かかる。およそ1時間の後に、盧芊羽は崑山の家から上海の会社に駆けつけることができる。だが1時間という出勤経路は、多くの上海の通勤族にはとっくに珍しいものではなくなっている。

2005年に大学を卒業した後、盧芊羽は河南の故郷から姉について崑山にやって来て、一緒に暮らしている。違っているのは、彼女は姉のように崑山で働いておらず、最初の就職先を幼い頃からの憧れの地である上海で選んだことだ。まさにそのときから、崑山と上海の間を往復する彼女の二都市生活の幕が正式に開かれた。

盧芊羽は同僚と一緒にオフィスで働いている。上海で奮闘した数年間、盧芊羽は電話での通信販売、化粧品のセールスなどの仕事に次々に携わった。今年の初め、彼女は2人の仕事のパートナーと起業インキュベーションファームで自らの化粧品セールス会社を立ち上げ、微信などの携帯端末プラットフォームを利用してセールスを行っている。

会社では、時間のあるとき、盧芊羽は同僚が飼っている2匹のペットの犬と遊ぶのが好きだ。

昼食は、盧芊羽は会社の食堂で済ませる。

仕事が終わると、盧芊羽は上海駅に行って高鉄で崑山に帰る準備をする。二次元バーコードの身分証をかざしてチェックインし、鉄道の上海駅に入る。

上海駅で乗車を待つ間、盧芊羽はほかの若者と同じように、いつもうつむいて携帯を見ている。

高鉄を降りたばかりの盧芊羽は、姉に電話をする。彼女はこう語る。「上海は私の仕事の離陸ポートですが、崑山は家族愛を寄せる場所で、どちらもとても捨てがたいのです」1枚の高鉄の切符が、彼女の仕事と家族への思いをつないでいる。

盧芊羽は、アパートの窓辺で外の明かりを眺めている。今では、中国の地方鉄道の発達、とりわけ2013年に開通した上海地下鉄11号線の第2期区間が崑山と花橋で直通してから、崑山・上海間を往復する交通も便利になる一方だ。ますます多くの人が「80後」女性の盧芊羽と同じように上海で働き、崑山に住まいを持ち、鉄道の特急列車と地下鉄の都市交通を通勤の交通手段として、上海と崑山の都市間を往復し、名実ともに二都市生活を送っている。

木曜日

タイトルの付け方

新聞・ネットで文章やニュースを読むときは、いつもまずタイトルに目を走らせてから、自分の関心の強さによって何から読むかを決めるものです。このように、文章のタイトルはたいへん重要で、それは文章の目であり窓であると言えます。HSK 6 級の作文試験でも、受験者には自分でタイトルを付けることが求められます。では、どうやって文章にふさわしいタイトルを付けるのでしょうか？ タイトルを付けるとき、どんな面に注意するのでしょうか？ 今日は、このことを勉強しましょう。

■要点のまとめ
タイトルの付け方について

❶ タイトルに求められること

どんなタイトルが良いタイトルなのでしょうか？

(1) 正確で、文章の内容と合っている。

(2) よく練られ、最少の文字数で最も豊かな内容を伝えている。

基準が明確になったところで、要約した作文にどのようにタイトルを付けるのでしょうか？

大原則は、文章の要素と緊密に結びつき、タイトルと文章の釣り合いが取れていることです。つまり、タイトルは文章の内容・テーマと嚙み合い、かつ要素と密着したものでなくてはいけません。

❷ タイトル決定のステップ

ステップ 1：材料となる文章を読み、書かれている内容をはっきり理解する。特に材料の中の人物・時間・場所・出来事などの要素を明確にする。

ステップ 2：材料をきちんと理解したうえで、キーワードを探し、テーマを抽出する。

ステップ3：文章が伝えようとしている主な内容をはっきりさせ、文章にタイトルを付ける。

実戦問題

■例文

今年兔子运气十分不好：和他一起生活了一年的伴侣离开了他，和别的兔子在一起了；他经常去就餐的菜园被主人竖起了栅栏；一只狐狸咬掉了他的一只耳朵，要不是跑得快，他很可能就成为狐狸的美餐了。兔子陷入了绝望之中，留给他的只有一件事了，那就是自杀。可是，兔子又有了一个问题：该怎样自杀呢?

兔子开始思考了，他想到人类有那么多自杀方式，为什么兔子就没有？实际上，他从来就没有听说过兔子或别的动物自杀。看来，好像只有人类才知道怎么自杀。他意识到在动物王国里根本没有自杀的先例可以给他参考，他想给他的同胞们创造出一个自杀的范例。

于是，每天兔子都在思考着怎样可以自杀。一天，他想到了一个很简单的方法，那就是憋气。他想如果没有空气那不就会死了吗？可是，他试了许多次，每一次到最后他都会忍不住张开嘴巴大口喘气。最后，兔子得出了一个结论：憋气是不能自杀的。当兔子将这个结论告诉给其他兔子后，这个结论很快就传开了。不久，兔子被众兔子尊称为科学家。

接着，兔子又想到了一个方法，他想既然很多果子有毒，那一下子吃很多不就可以毒死自己了吗？于是，兔子去森林里采了一大堆果子，然后用石头砸碎混合在一起，一口气吃了很多，不知不觉便睡着了。等他醒来后，他发现自己没死，反而感觉身体更好了。由此，他认为那些果子有强身健体的功效。兔子把这个想法告诉了他的同胞们。很快，兔子的结论得到了证实，那些果子混合起来不但能强身健体，还能治愈多种疾病。兔子又成了同胞们眼中的发明家。

后来,兔子还想到了一种比较新颖的方法。他想如果自己闭上眼睛一直往前走，一定会遇到很多危险，那样他就可以自杀成功了。于是，兔子闭上了眼睛离开家开始往前走，他走啊走，不知道走了多久。好几次他想睁开双眼但都忍住了，终于他实在无法忍受饥渴了，就睁开了双眼，令他惊讶的是，眼前是一片绿油油的草地。他欣喜地跳了起来，在这里居住再合适不过了。兔子记住了路线，他回到原来的居住地，赶紧把路线告诉了其他的兔子，同胞们到达那片草地后也都高兴不已，不停地称赞兔子为伟大的探索家。

兔子受到了众多兔子的羡慕与尊敬，他们坚决要给兔子颁奖，感谢他做出的贡献。在颁奖典礼上，一只美丽的兔子尼亚默默地在下面注视着他。典礼结束后，尼亚来到兔子面前，当她了解了兔子的遭遇后深感同情，并且表达了自己对兔子的爱慕。最后她问兔子：“你还想自杀吗？”兔子摇了摇头说：“我没有理由自杀了，我现在有了新的伴侣，还有，我没想到根本没有兔子介意我只有一只耳朵，现在我也不用担心没有食物了。以后我要努力成为真正的科学家、发明家、探索家。”

时间：________________

地点：________________

人物：________________

起因：________________

经过：________________

结果：________________

____

→________________

→________________

→________________

→________________

今年、ウサギの運はかなり悪かった。１年ともに暮らした連れは彼のもとを離れ、別のウサギと一緒になった。いつも食事に行く野菜畑の主人は囲いの柵を立ててしまった。あるキツネが彼の片方の耳を噛み切り、もし飛ぶように走らなければ、彼はきっとキツネのご馳走になっていたことだろう。ウサギは絶望に陥り、彼に残されたのはただ一つの道しかなく、それは自殺することだった。だが、ウサギにはまた別の問題が生まれた。どうやって自殺するのか？

ウサギは思い巡らしはじめ、人間にはあんなにたくさんの自殺の方法があることに思い当たった。どうしてウサギにはないのだろうか？ 実際、彼はそれまでウサギや別の動物が自殺したという話を聞いたことがなかった。どうやら、人間だけがいかに自殺するかを知っているようだ。ウサギは動物王国にはまったく自分の参考になるような自殺の前例がないことを考え、仲間たちに１つの自殺の手本を示してやりたいと思った。

そこで、ウサギはどうやって自殺すればよいかをずっと考えていた。ある日、彼はあるとても簡単な方法を思いついた。それは窒息することだ。もし空気がなければ死んでしまうのではないだろうか？ だが、何度も試したが、そのたびに最後にはいつも我慢できずに口を開けて思いきり息を吸ってしまう。とうとう、ウサギは１つの結論を得た。窒息では自殺できない。ウサギがこの結論を別のウサギに伝えると、それは瞬く間に知れわたった。間もなく、ウサギはほかのウサギたちから科学者として称えらえるようになった。

続いて、ウサギはまた別の方法を思いついた。毒のある果物はとても多いのだから、一度にたくさん食べれば自分を毒殺できるのではないだろうか？ そこで、ウサギは森に行って山のような果物を摘んでから、石で叩いて一緒に混ぜ合わせ、一度にたくさん食べると、いつの間にか眠ってしまった。目が覚めてみると、自分はまだ死んでおらず、かえって体の調子が良くなったような気がした。このため、それらの果物は体を丈夫にする効果があると考えた。ウサギはこの考えを仲間たちに知らせた。間もなく、ウサギの結論は実証され、それらの果物は混ぜ合わせると体を丈夫にするだけでなく、さらに様々な病気も治せることが分かった。ウサギは今度は仲間たちに発明家と見なされた。

後に、ウサギはさらにもう 1 つのより斬新な方法を思いついた。もし目を閉じてまっすぐ前に歩いていけば、きっとたくさんの危険にぶつかり、そうすれば自殺に成功できるだろうと思った。そこで、ウサギは目を閉じて家を出て前に歩きはじめた。歩いて歩いて、どれだけ歩いたか分からない。何度も両目を開けたいと思ったが我慢し、とうとう本当に空腹と喉の渇きに耐えられなくなって両目を開けると、驚いたことに目の前は一面の緑ゆたかな草原だった。彼は喜んで飛び跳ね、ここに住むにこしたことはないと思った。ウサギは道順を記憶し、もとの住み処に戻ると、急いでそれを他のウサギに伝えた。仲間たちはその草原に到着するとみな大喜びして、口々に彼を偉大な探求家だと賞賛した。

ウサギはたくさんの仲間たちの羨望と尊敬を受け、仲間たちは彼に賞を贈って、その貢献に感謝することを断固として決定した。授賞式典で、1 匹のニーヤという美しいウサギが下の方で黙って彼を見つめていた。式典が終わると、ニーヤは彼の前にやってきて、彼の境遇を知ると深く同情し、さらに彼への愛を告白した。最後に彼女はウサギにこう聞いた。「まだ自殺したいですか？」ウサギは首を振ってこう答えた。「もう自殺する理由はなくなったよ。今では新たな連れができて、それに、驚いたことに私に片方の耳しかないことを気にするウサギはいないし、今では食べ物がないことを心配する必要もなくなった。これからは、真の科学者・発明家・探求家になれるよう努力するよ」

✦ヒントと参考解答訳：

下の方法に従って、10 分で文章の「要点」をつかみましょう。

1. 通読：まず分からない単語は飛ばし、素早く文章を読んで概略を理解し、テーマを明確にしましょう。(3 分)

書き替えができない決まった言葉に線を引いて、しっかり記憶しましょう。例えば“科学家”（科学者）、“发明家”（発明家）、“探索家”（探求家）などです。

2. 精読：6 つの要素（時間・場所・人物・原因・経過・結果）を書き出しましょう。(4 分)

時間：今年（今年）、一天（ある日）、接着（続いて）、后来（後に）

場所：居住地（住んでいる場所）、森林（森）、草地（草原）、颁奖典礼上（授賞式典）

人物： 兔子（ウサギ）、兔子原来的伴侣（ウサギのもとの連れ）、狐狸（キツネ）、其他兔子（その他のウサギ）、尼亚（ニーヤ）

原因： 兔子要自杀（ウサギは自殺しようとした）

経過： 兔子的三次自杀过程（ウサギの 3 回の自殺の過程）

結果： 兔子不想自杀了（ウサギは自殺したくなくなった）

3. 文章の筋道を整理し、テーマと関係のない文を削って、書きながら記憶しましょう。(3 分)

兔子受到挫折后要自杀（ウサギは挫折して自殺したいと思った）

→兔子憋气自杀（ウサギは窒息して自殺しようとした）

→兔子吃果子自杀（ウサギは果物を食べて自殺しようとした）

→兔子闭眼出走自杀（ウサギは目を閉じて外出して自殺しようとした）

→兔子收获奖励和爱情后不再想自杀（ウサギは表彰と愛情を得るともう自殺したくなくなった）

■参考例文

兔子的故事

今年兔子特别倒霉，他的伴侣离开了他，就餐的菜园进不去了，一只耳朵也被狐狸咬掉了。兔子很绝望，想到了自杀。可是怎样自杀呢？兔子思考后发现动物们根本没有自杀先例，于是他决定为同胞们创造一个范例。

一天，他想到了憋气自杀，可是每一次到最后他都会忍不住张开嘴巴。兔子得出了憋气不能自杀的结论，并告诉给了其他兔子，被同胞们尊称为科学家。接着，兔子想既然很多果子有毒，就决定采用把在森林采的很多果子混合在一起吃的自杀方法，结果发现不但没死，反而感觉更好了。兔子把果子能强身健体的结论告诉了同胞们，又被同胞们尊称为发明家。后来，兔子想：闭上眼睛一直往前走，会遇到很多危险，一定可以自杀成功。于是，兔子离开家往前走，最后终于因为无法忍受饥渴而睁开眼，结果发现眼前是一片草地。兔子记住了路线，告诉了其他兔子，同胞们认为兔子是伟大的探索家。

同胞们给兔子颁奖，在颁奖典礼上，兔子尼亚爱上了他。典礼结束后，尼亚向兔子告白，问兔子还想不想自杀。兔子说他已经没有理由自杀了，他要努力成为真正的科学家、发明家探索家。

ウサギの物語

今年ウサギは特に運が悪く、連れは彼のもとを離れ、食事していた野菜畑には入れなくなり、片方の耳はキツネに齧り取られてしまった。ウサギはひどく絶望し、自殺しようと考えた。だがどうやって自殺するのか？ ウサギは考えて、動物たちにはまったく自殺の前例がないことに気づき、そこで仲間たちのために１つの手本を示すことに決めた。

ある日、彼は窒息して自殺することを思いついたが、そのたびに最後にはいつも我慢できずに口を開けてしまった。ウサギは窒息では自殺できないという結論を得て、さらに他のウサギに伝え、仲間たちから科学者と褒め称えられた。続いて、毒のある果物はとても多いのだから、森で摘んだたくさんの果物を混ぜ合わせて一緒に食べるという自殺方法をとることに決めたが、その結果死ななかっただけでなく、かえって体調がさらに良くなった。ウサギは果物は体を丈夫にできるという結論を仲間たちに伝え、今度はみんなから発明家と褒め称えられた。その後、ウサギはこう考えた。目を閉じてまっすぐ前に進めば、たくさんの危険に出会うはずで、きっと自殺に成功できるだろう。そこで、ウサギは家を出て前に向かって進み、最後にとうとう空腹と喉の渇きに耐えられなくなって目を開けると、なんと目の前に一面の草原を見つけた。ウサギは道順を覚えて他のウサギに伝え、仲間たちはウサギを偉大な探求家だと考えた。

仲間たちはウサギに賞を贈ることに決め、授賞式典でウサギのニーヤが彼を好きになった。式典が終わると、ニーヤは彼に告白し、まだ自殺したいかどうか聞いた。ウサギは、もう自殺する理由はなくなった、真の科学者・発明家・探求家になるよう努力すると答えた。

新出単語

（文章の概要をつかむテクニックが大事です。先に新出単語を調べないように！）

运气	yùnqì	（名）	運、運命
伴侣	bànlǚ	（名）	伴侶、連れ
陷入	xiànrù	（動）	落ちる、陥る
绝望	juéwàng	（動）	絶望する
参考	cānkǎo	（動）	参考
同胞	tóngbāo	（名）	同胞、肉親の兄弟
结论	jiélùn	（名）	結論
混合	hùnhé	（動）	混合する、混ぜ合わす
功效	gōngxiào	（名）	効果、効き目
证实	zhèngshí	（動）	実証する
疾病	jíbìng	（名）	疾病
新颖	xīnyǐng	（形）	斬新である、新奇である、奇抜である、ユニークである
忍受	rěnshòu	（動）	我慢する、堪え忍ぶ
惊讶	jīngyà	（形）	あきれる、驚く
到达	dàodá	（動）	到達する、到着する、着く
伟大	wěidà	（形）	偉大
探索	tànsuǒ	（動）	探索する、探求する
坚决	jiānjué	（形）	断固として（いる）、頑として
贡献	gòngxiàn	（名）	贡献
典礼	diǎnlǐ	（名）	式典、儀式、典礼
注视	zhùshì	（動）	注視する、注目する
遭遇	zāoyù	（名）	遭遇、境遇
理由	lǐyóu	（名）	理由、わけ、口実

復習と練習

1. 快速阅读下面的文章，列出时间、地点、人物和起因、经过、结果。

夏天，有一只狐狸来到一个葡萄架下，看见葡萄藤上结了很多串葡萄，于是就使劲儿往上跳，想咬下一串来。但是葡萄架很高，狐狸第一次试跳没有咬到葡萄。狐狸想，这串葡萄不好，瞧它长的那个样子，外面看着挺好，里面肯定是去年结的。

狐狸瞄准另外一串葡萄跳了上去，可惜这次又没扑着。狐狸想，这串葡萄也不好，肯定使用过化肥，绝对不是绿色食品。幸亏没吃着，否则吃了我还得去医院看病。

第三次试跳依然没有成功，这时不知从哪儿传来了稀稀拉拉的掌声，原来是树上落着几只前来看热闹的乌鸦。狐狸只好向它们鞠躬还礼，表示感谢。

狐狸有点儿累了，蹲下来休息。它心想，这时候要是有个教练递给我一瓶矿泉水，再给我讲讲动作要领，布置一下战术，那该有多好啊！让我最后再跳一次，我就不信跳不过这个破葡萄架。狐狸转动着狡猾的眼睛，四下寻找，终于找到了一根长竹竿。狐狸抓住竹竿，后退了几步，举手向周围的乌鸦示意，请它们给予掌声鼓励。

狐狸提竿快步向葡萄藤奔去，竹竿头准确地插入了地面，竹竿将狐狸高高荡起，然后是漂亮的抛竿动作，自由下坠，狐狸成功地跃过了高高的葡萄架，安全地落到了松软的草地上。

这时候，一只年轻的母乌鸦从树上飞了下来，向狐狸献上了一束野花。狐狸手捧着野花，心情非常激动，多少年的期盼，多少代狐狸的努力，终于迎来了这胜利的时光！

但是狐狸很快就冷静下来了，心想，葡萄在哪呢？我这不是白跳了吗？

时间：________________

地点：________________

人物：________________

起因：________________

经过：________________

结果：________________

参考解答と訳：

1. 以下の文章を素早く読んで、時間・場所・人物・原因・経過・結果を書き出しましょう。

時間：夏天（夏の日）、**这时候**（このとき）

場所：葡萄园（ブドウ園）

人物：狐狸（キツネ）、**乌鸦们**（カラスたち）、**母乌鸦**（母ガラス）

原因：狐狸想吃葡萄（キツネはブドウを食べたいと思った）

経過：狐狸想各种办法得到葡萄（キツネはブドウを手に入れるいろいろな方法を考えた）

結果：狐狸没有得到葡萄（キツネはブドウを手に入れなかった）

夏の日、1匹のキツネがあるブドウ棚の下にやってきて、ブドウのつるにたくさんのブドウの房が実を結んでいるのを見た。そこで力いっぱいジャンプして、1房かじろうと思った。だがブドウ棚はとても高く、キツネは最初にジャンプしてみたとき、ブドウを口にできなかった。キツネは、このブドウの房は美味しくなく、その様子を見ると見た目は立派だが、中身はきっと去年実ったものだろうと考えた。

キツネは別のブドウの房を見定めてジャンプしたが、今度もまた手が届かなかった。キツネは、このブドウの房もきっと美味しくなく、きっと肥料を使いすぎていて、絶対に自然食品ではないと考えた。幸い食べなかったが、そうでなければ食べて病院にまで行く羽目になっただろう、と。

3度目にジャンプしてみてもやはり成功せず、このときどこからとも知れずパチパチという拍手の音が聞こえてきた。なんと、わざわざ見物にやってきた何羽かのカラスが木の上に止まっていたのだ。キツネは仕方なく彼らにお辞儀をし、感謝して見せた。

キツネは少し疲れて、しゃがんで休んだ。心の中で思った。もしこのときコーチがいてミネラルウオーターを1本渡してくれ、それに動きのコツを教えて戦術を立ててくれたら、どんなにいいだろう！ それから最後にもう1度ジャンプさせてくれたら、こんなつまらないブドウ棚より高く跳べないなんてあり得ない。キツネはずる賢く目を動かして周囲を見回し、とうとう1本の長い竹竿を見つけた。キツネは竹竿を握ると、何歩か後ずさり、手を挙げて周りのカラスに合図して、拍手と声援をくれるよう頼んだ。

キツネは竿を持って早足でブドウ棚の方に走っていき、竹竿は先端がしっかり地面に差し込まれてキツネを高々と持ち上げ、美しい動作で手放されて自由に落ちていき、キツネは見事に高いブドウ棚を越えて、無事に柔らかな草地に降り立った。

このとき、ある若い母ガラスが木の上から舞い降りて、キツネに草花の束を1つ差し出した。キツネは花束を手にして、とても感動した。こんなに長いあいだ待ち望み、こんなに自分は頑張って、とうとう勝利の時を迎えたのだ！

だが、キツネはすぐに冷静になった。そういえば、ブドウはどこだっけ？ 無駄にジャンプしたんじゃないか？

2. 列出下面文章的叙述顺序。

齐国的将军田忌很喜欢赛马，他常常同齐威王赛马。他们赛马的规矩是：比赛共设三局，两胜以上为赢家。然而每次比赛，田忌都是输家。

有一次，田忌请自己的好朋友孙膑去观看他与齐威王赛马。第一局，齐威王和田忌都牵出自己的上等好马，结果田忌的马稍逊一筹。第二局，他们都用了中等的马比赛。结果，田忌的中等马也输了。第三局，两边都以下等马参赛，田忌的下等马又未能跑赢齐威王的马。看完比赛，孙膑对田忌说："我看你们双方的马，若按上、中、下三等来比赛，你的马都相应地差一点儿，但差别并不太大。下次赛马你按我的意见办，我保证你必胜无疑。"

这一天，田忌与齐威王又要赛马。孙膑胸有成竹地说："你就按照我的安排比赛吧。"比赛开始了，第一局，齐威王依旧使用了上等好马，孙膑却让田忌出下等的马，一局比完，自然是田忌的马落在后面，田忌输了。可是到了第二局，形势就变了，齐威王用的是中等的马，田忌却用了上等好马，结果田忌赢了第二局。最后，齐威王剩下了下等马，当然被田忌的中等马甩在了后面。这下，齐威王目瞪口呆了，比赛的结果是三局两胜，田忌赢了齐威王。还是同样的马匹，由于调换了比赛的出场顺序，田忌就得到了转败为胜的结果。

____

→__________

→__________

→__________

→__________

参考解答と訳：

2. 以下の文章の叙述の順序を書き出しましょう。

田忌同齐威王赛马（田忌と斉の威王が競馬をした）

→三局两胜，每次田忌都是输家（三戦二勝のルールで勝負し、いつも田忌が負けた）

→田忌的朋友孙膑观看赛马（田忌の友人である孫臏が競馬を見た）

→齐威王和田忌上马对上马，中马对中马，下马对下马，田忌输了（斉の威王と田忌は上等の馬を上等の馬と、中等の馬を中等の馬と、下等の馬を下等の馬と戦わせ、田忌が負けた）

→孙膑告诉田忌他可以帮田忌安排，保证田忌可以获胜（孫臏は田忌の作戦を手伝ってやると言い、田忌が勝てると請け合った）

→孙膑让田忌在和齐威王比赛时，用下马对齐威王的上马，上马对中马，中马对下马，田忌赢了齐威王（孫臏は田忌に斉の威王と勝負させるとき、下等の馬を斉の威王の上等の馬と、上等の馬を中等の馬と、中等の馬を下等の馬と勝負させ、田忌は斉の威王に勝った）。

斉の国の将軍である田忌は競馬が大好きで、いつも斉の威王と競馬をしていた。彼らの競馬のルールは、全部で３回競って、２勝以上を勝者とするというものだった。だが競うたびに、田忌はいつも負けてしまった。

あるとき、田忌は親友の孫臏に頼んで、自分と斉の威王の競馬を見に来てもらった。第一戦では、斉の威王と田忌がどちらも自分の上等の駿馬を出走させたところ、田忌の馬がやや引けを取った。第二戦では、二人とも中等の馬で勝負した。すると、田忌の中等の馬はまた負けた。第三戦では、双方とも下等の馬で勝負し、田忌の下等の馬はまたもや斉の威王の馬に勝てなかった。勝負を見終わると、孫臏は田忌にこう言った。「お二方の馬を見たところ、もし上・中・下等の別に勝負すれば、君の馬はどれも実力相応にやや劣るが、その差は決して大したことはない。次に競馬するとき私の意見に従ってやれば、間違いなく君が勝つことを保証する」

この日、田忌と斉の威王は再び馬を競わせることにした。孫臏は胸に企みがある様子でこう言った。「私の言うとおり勝負したまえ」勝負が始まり、第一戦では、斉の威王は前と同じように上等の駿馬を用いたが、孫臏は田忌の下等の馬を走らせ、勝負が終わるとやはり田忌の馬は後ろに遅れ、田忌は負けた。だが第二戦になると、形勢は変わった。斉の威王が用いたのは中等の馬だったが、田忌は上等の馬を用い、こうして田忌は第二戦に勝利を収めた。最後に、斉の威王は下等の馬を出し、当然ながら田忌の中等の馬の後に引き離された。こうなると、斉の威王は呆然とし、勝負の結果は三戦二勝で田忌が斉の威王に勝った。同じ馬ではあったが、勝負に出す順番を変えたことで、田忌は負けから勝ちに転じる結果を得たのである。

3. 缩写（把下面这篇1000字的文章缩写成400字左右的短文，并为文章拟一个题目）。

古时候有一个非常喜爱骏马的国王，为了得到一匹宝马，贴出告示，愿意用一千金的代价买一匹千里马。

这个世界上，可以拉车载人载物的动物很多很多，如马、驴、牛等，而千里马却非常稀少。被国王派去买马的人走遍了世界各地，像大海里捞针一样，三年的时间过去了，连个千里马的影子也没有见到。

一个大臣看到国王因为得不到千里马而闷闷不乐，便勇敢地向国王推荐自己：“您把买千里马的任务交给我吧！我向您保证，您只要耐心等待一段时间，我一定会让您如愿以偿得到千里马。”国王见他仿佛知道了什么秘诀似的，态度诚恳、语气坚定，便答应了他的请求。

然后，这个大臣东奔西走，用了三个月时间，总算打听到千里马的消息。可是当大臣见到那匹马时，那匹马却病死了。

虽然这是一件令人非常遗憾的事,但是大臣并没有灰心。这匹千里马虽然死了，但它却能证明千里马是真实存在的。既然世上的确有千里马，那就用不着担心找不到第二匹、第三匹，甚至更多的千里马。想到这里，大臣更增添了找千里马的信心。他用 500 个金币向马的主人买下了那匹死马的头，兴冲冲地带着马头回去见国王。

大臣见了国王，开口就说："我已经为您找到了千里马！"国王听了非常高兴。他迫不及待地问道："千里马在哪里？快牵来给我看！"大臣从容地打开包裹，把马头献到国王面前。虽然看上去是一匹非常漂亮的骏马的头，然而毕竟是死马！那马没有光泽的面容和散发出的腥臭味，使国王禁不住一阵恶心。国王的脸色阴沉下来，他愤怒地说道："我要的是能载我在草原上奔驰、一天行走千里的活马，而你却花 500 个金币的大价钱买一个死马的头。你怎么敢把死马的头献给我呢？"

大臣不慌不忙地说："请您不要生气，听我慢慢向您解释。世上的千里马数量非常稀少，不是在市场上轻易能够见得到的。我花了三个月时间，好不容易才遇见一匹这样的马。我用 500 个金币买下死马的头，是为了要抓住这一次难得的机会。我要用这马头，向全世界证明千里马是真实存在的，只要我们有决心去找，就一定能找得到。用 500 个金币买一匹死马的头，等于向天下发出了一个信息，告诉人们国王买千里马的诚意和决心。如果这一消息传扬开去，无论千里马隐藏在深山密林中，还是在海角天边，只要养马人相信国王是真心想买千里马，也必定会主动把自己拥有的千里马献给您的。"

果然不出大臣所料，此后不到一年的时间，接连有好几个人领着千里马来见国王。

参考解答と訳：

3. 要約しましょう（下の1000字の文章を400字前後の短い文章に要約すること）。

国王与千里马

古时候有一个国王，特别想得到一匹千里马。然而千里马非常稀少，被国王派去买马的人走遍世界各地，连个千里马的影子也没见到。

一个大臣看到国王闷闷不乐，自告奋勇要为国王寻找千里马。国王见他很自信，就答应了他的请求。这个大臣用了三个月的时间四处寻找，总算打听到了一匹千里马的消息。可是当大臣见到那匹马时，那匹马已经病死了。于是，大臣用500个金币向马的主人买下了那匹死马的头，带着马头回去见国王。

大臣见到了国王，告诉他自己已经找到了千里马。国王听了非常高兴，让大臣给他看看千里马。大臣就把马头献给国王。国王很生气，责怪大臣欺骗自己，他觉得大臣花那么大的价钱却只买了一个死马的头，非常愚蠢。

大臣向国王解释说，千里马非常稀少，难得一见。他用500个金币买下死马的头，是为了向天下发出信息，告诉人们国王买马的诚意和决心。这样，有千里马的人知道国王是真心买马，就一定会主动把马献给国王了。

在不到一年的时间里，果然有好几个人领着千里马来见国王。

国王と千里の馬

昔、ある国王がいて、千里の馬を手に入れたいと渇望していた。だが千里の馬はとても希少で、国王から馬を買うために派遣された者は世界各地をめぐったが、千里の馬の影さえ目にしなかった。

ある大臣は国王が悶々として楽しまないのを見て、思い切って国王のために千里の馬を探すことを申し出た。国王は彼が自信に溢れているのを見て、その求めを承諾した。この大臣は3か月の時間をかけてあちこちを探し、ようやく1頭の千里の馬の消息を耳にした。だが、大臣がその馬を目にしたとき、馬はもう病気で死んでいた。そこで、大臣は500枚の金貨で馬の主人から死んだ馬の頭を買い取り、それを携えて国王に会いに戻った。

大臣は国王に会うと、自分はすでに千里の馬を探し出したと報告した。国王はそれを聞いて大喜びし、千里の馬を見せるように大臣に命じた。そこで大臣は馬の頭を国王に捧げた。国王はひどく立腹して、大臣が自分を騙したと責め立てた。大臣がそれほどの大金を費やして1つの死んだ馬の頭しか買わなかったとは、本当に愚かなことだと思った。

大臣は国王に、千里の馬はきわめて希少で、見つけ出すのは難しいと説明した。自分が500枚の金貨で死んだ馬の頭を買ったのは、天下に情報を知らしめ、国王が馬を手に入れる誠意と決心とを人々に伝えるためだと言った。そうすれば、千里の馬の持ち主は国王が本気で馬を買おうとしていることを知り、きっと進んで馬を国王に捧げるだろう、と。

1年が経たないうちに、果たして何人もが千里の馬を引いて国王に会いに来た。

■全訳

昔、駿馬を溺愛する国王がおり、１馬の宝馬を得るために告知を張り出し、一千斤の代価で１頭の千里の馬〔１日に千里を駆けるという駿馬〕を買おうとした。

この世界には、馬やロバ、牛など、車を引いたり人を乗せたりできる動物は非常に多いが、千里の馬はとても希少だ。馬を買うために国王から派遣された者は、海に落とした針を探すようにして世界各地を経めぐったが、３年の時間が過ぎ去っても、千里の馬の影さえ目にしなかった。

ある大臣が、国王が千里の馬を得られないために悶々として楽しまないのを見て、思いきって自分を売り込んだ。「千里の馬を買う任務を、私にお任せください！ しばらく辛抱してお待ちいただけさえすれば、必ずやお望みどおりの千里の馬が得られることをお約束します」何事か秘訣を知っているような彼の様子と、誠実な態度、しっかりした話ぶりを見て、国王はその求めを承諾した。

その後、この大臣は東奔西走し、３か月の時間をかけて、どうにか千里の馬の消息を聞きつけた。だが、大臣がその馬を目にしたとき、その馬は病で死んでいた。

これは非常に残念なことではあったが、大臣は決して気を落とすことはなかった。この千里の馬は死んだとは言っても、千里の馬が実在することを証明できたのだ。この世に確かに千里の馬がいたからには、二頭目、三頭目、さらにはもっとたくさんの千里の馬が探し出せない心配をすることはない。ここまで考えて、大臣は千里の馬を探す自信をさらに増した。彼は500枚の金貨で馬の主人からその死んだ馬の頭を買い取り、それを持って喜び勇んで国王に会いに戻った。

大臣は国王に会うと、開口一番にこう言った。「私はすでに王のために千里の馬を探し出しました！」国王はこれを聞いてとても喜んだ。彼は待ちきれずこう聞いた。「千里の馬はどこか？ 早く引いてきて見せなさい！」大臣は落ち着いて包みを開き、馬の頭を国王の前に捧げた。見たところ非常に美しい駿馬の頭ではあったが、結局は死んだ馬だ！ 艶を失ったその顔と漂うなまぐさい悪臭に、国王は思わず吐き気を催した。国王は顔色が暗くなり、怒りを込めてこう言った。「私が欲しいのは、私を乗せて草原を駆ける、１日に千里を走る生きた馬だ。だがお前は500枚の金貨という大金を払って死んだ馬の頭を買ったのだ。どうして死んだ馬の頭をおめおめと私に差し出せるのか？」

大臣は慌てず騒がず、こう言った。「お怒りにならないでください、ゆっくりご説明いたします。世の中の千里の馬は数が大変少なく、市場で簡単に見つかるものではありません。私は３か月の時間を費やして、ようやく１頭のこのような馬を発見しました。私が500枚の金貨で死んだ馬の頭を買ったのは、この得難い機会をつかむためです。この馬の頭によって、千里の馬が本当に存在することを全世界に示したいのです。私たちが心を決めて探しさえすれば、必ず探し出すことができます。500枚の金貨で１頭の死んだ馬の頭を買ったということは、天下にこの情報を知らしめ、国王が千里の馬を探そうとする誠意と決心を人々に示したのと同じことです。この情報が広まっていけば、千里の馬が深山密林の中、あるいは海の彼方に隠れていようとも、国王が心から千里の馬を求めていることを馬の持ち主が信じさえすれば、その者は必ず自分の持っている千里の馬を進んで捧げるでしょう」

果たして大臣の予想どおり、この後１年が経たないうちに、何人もが立て続けに千里の馬を引いて国王に会いに来たのだった。

金曜日

テーマを練り上げる

文章のテーマは、その魂です。書き手が文章の内容を磨き上げ、練り上げたものがテーマであると言えます。そして、HSK 6級作文のための文章にとって最も重要なことは、10分という短い時間内で、真に作者が述べようとしている主要な考えを理解し、文章の中心となる内容を把握することです。では、どのようにテーマを探し出し、理解し、練り上げるのでしょうか？ 知っておくべきことは、ある単語や言葉のみからアプローチしているものはテーマとは限らない、あるいはテーマのすべての内容とは限らない、ということです。むしろテーマを探し出すとは、文章全体を通読した後でなければ判断できないものです。このためには、繰り返しトレーニングしてテーマを練り上げるコツを身につける必要があります。

■要点のまとめ
テーマを練り上げる

ステップ1：すばやく全体を通読し、全文のおおよその意味をつかむ。

ステップ2：文章の叙述スタイル、文章の書き出し、結び、各段落の最初の文と最後の文に注意する。

ステップ3：段落の要点を順を追ってまとめ、文章のテーマを総括する。

実戦問題

■例文

每天晚上八点左右，都会有一位衣服破旧但神情坦然的老头，准时到这个大院里来捡破烂，然后默默离去，从来都很准时，也从来不会停留很久。

我第一次见到老头时，他正在与门卫争吵。他想要进去捡破烂，可门卫说什么也不让，说这是市委大院，而且又是晚上，不能让陌生人随便进出。老头激动地说："我靠自己的双手捡点破烂养家糊口，你凭啥不让？难道你觉得我是小偷吗？"老头长得很瘦，说这话的时候脖子上扯起了一根根青筋。他的一头白发在灯光下显得格外引人注目。

我当时认为这个老头有些无理取闹，所以也没说什么就直接进大院回家了。然而几天后，我发现自己错了。

后来也不知门卫怎么就让老头进来了。之后老头每天都来大院里，在垃圾箱里翻找破烂。但老头和别的捡破烂的人不一样，他每次都是在天黑以后才来，白天从不进来，而且他捡垃圾就是捡垃圾，垃圾之外的东西绝对不拿。对我们这些自家东西经常被捡破烂的人顺便拿走的大院住户们来说，这实在是个惊奇的发现。

后来，我们知道了他的个人情况：老头是一个国营工厂的退休工人，他的老伴很多年来身体一直不好，这两位老人原来生活在儿子家里。后来老头不愿意拖累子女，就跟老伴租了间破房，两个人开始独立生活。结果没几年老头原来的单位破产了，他们没有了经济来源。为了给妻子治病，老头不得不开始捡垃圾维持生活。

了解了老头的这段经历后，大家都非常同情他。从此看他的眼光中，就多了几分同情与理解。一次，邻居大伯担心他晚上捡不到什么，就将家里一袋子新鲜的水果递给他。老头看了一愣，小声说了一句："我是捡破烂的，不是乞丐。"拍拍身上的尘土，就提着自己的大垃圾袋转身走了。接下来好几天里，他都没有再来。

大伯默然。几天后，老头终于又出现在大院的垃圾箱旁。等他走了以后，大伯回屋取出工具，在垃圾箱旁的大树上一上一下钉了两颗钉子，然后把一些装好的食品挂在上面的钉子上，又将一些旧书、旧报扎在一起挂在下面的钉子上。第二天，捡破烂的老头来了，他取走了挂在树上的旧书报和那两个食品袋。他把它们当成是别人丢弃不要的垃圾了。

后来，大院里的许多住户都知道了这个秘密，于是树上的钉子上便常常多出许多装得满满的食品袋来。门卫也很有默契，晚上只让老头进来，把其他捡破烂的人拒之门外。每天晚上，老头进来后总要先在垃圾箱里翻找一通，再去取那些食品袋。据经常晚归的小王讲，有一次他遇到老头，老头在取那些食品袋时竟然泪流满面。

人的尊严是无价的，面对他人脆弱易碎的尊严，有时无声的呵护更胜过千言万语。比如，大伯钉在树上的那两颗钉子。

时间：＿＿＿＿＿＿＿＿

地点：＿＿＿＿＿＿＿＿

人物：＿＿＿＿＿＿＿＿

起因：＿＿＿＿＿＿＿＿

经过：＿＿＿＿＿＿＿＿

结果：＿＿＿＿＿＿＿＿

＿＿＿＿＿＿＿＿

→＿＿＿＿＿＿＿＿

→＿＿＿＿＿＿＿＿

→＿＿＿＿＿＿＿＿

→＿＿＿＿＿＿＿＿

毎晩８時ごろに、衣服はぼろぼろだが泰然自若とした表情のある老人が、いつもこの団地にくず拾いにやって来て、その後黙って去っていく。今までいつも時間どおりで、長くとどまったこともない。

私が初めて老人を見かけたとき、彼はちょうど守衛と言い争っているところだった。彼は不用品を拾うために入りたいのだが、守衛はどうしても許さず、ここは市の共産党委員会の団地であり、しかも夜だから部外者が勝手に出入りすることはできないと言った。老人は声を荒げて言った。「私が自分の両手で不用品を拾って暮らしを立てるのに、あなたは何を根拠にダメだと言うのか？ まさか私が泥棒だとでも思うのか？」老人は痩せ細り、こう言うとき首筋に１本の青筋が立っていた。その真っ白な白髪頭は、明かりの下でとりわけ目を引いて見えた。

そのとき私は、この老人はいささか道理の通らないことを言って悶着を起こしていると思ったので、何も言わずにまっすぐ団地に入って家に帰った。だが数日後、自分が思い違いをしていたのを知った。

後になって、どういうわけか守衛は老人が入るのを許すようになった。それから老人は毎日団地にやってきて、ゴミ箱をあさって不用品を探した。だが彼は不用品を拾う他の人とは違い、毎日いつも日が暮れてからやって来て、昼間に入ってきたことはなかった。それに彼のくず拾いは文字通りくず拾いで、不用品以外の物は決して持って行かなかった。私たちのように、自分の家の物をいつもくず拾いの人に勝手に持って行かれている団地の住人たちにとって、これは本当に意外な発見だった。

後に、私たちはこの人の個人的事情を知ることになった。老人はある国営工場の退職した労働者で、妻は長年体の調子が優れず、この2人の老人はもともと息子の家で暮らしていた。そのうちに老人は子供の世話になりたくはないと、妻とともに粗末な家を借り、2人で独立して生活しはじめた。その結果、数年もしないうちに老人のもとの職場は倒産し、彼らは収入源を失ってしまった。妻の病気を治すため、老人は不用品を拾って生活を維持せざるをえなかった。

老人のこの身の上を聞くと、みな彼にとても同情した。こうして彼を見るまなざしに、幾分かの同情と理解が増すようになった。あるとき、隣のおじさんは彼が夜に何も拾えないのではないかと心配して、家にあった1袋の新鮮な果物を手渡そうとした。老人はそれを見やると、小さな声で一言こう答えた。「私はくず拾いで、ホームレスではない」彼は体についた泥を払うと、自分の大きなゴミ袋を提げて身を翻して去っていった。それからしばらくの間、再び姿を見せることはなかった。

おじさんは黙っていた。数日後、老人がとうとうまた団地のゴミ箱のところに現れた。彼が帰ると、おじさんは家に戻って道具を取り出し、ゴミ箱の隣にある大木に上下に並んだ2本の釘を打ち、それから袋に入れた食品を上の釘に掛け、さらに古本や古新聞をまとめて下の釘に掛けた。次の日、くず拾いの老人がやってくると、木に掛かった古本・古新聞と2つの食品の袋を持ち去った。老人は、それを誰か別の人が不要になって捨てたゴミだと見なしたのだ。

後に、団地の多くの住人はみなこの秘密を知ると、木に打った釘にはいつも食品でいっぱいの袋が続々と提げられるようになった。守衛もよく心得ていて、夜には老人だけを中に入れ、ほかのくず拾いの人は門から入れなかった。毎晩、老人は入ってくるといつもまずゴミ箱の中をひと通り探ってから、その食品の袋を取りにいった。いつも帰りが遅い王さんの話では、ある日彼が老人に出会うと、老人はその食品の袋を取るときなんと満面に涙を流していたという。

人の尊厳は価値の計り知れないものであり、誰かのもろく壊れやすい尊厳に対して、無言の助けが多くの言葉を費やすよりも勝ることがある。例えば、おじさんが木に打った2本の釘のように。

✦ヒントと参考解答訳：

下の方法に従って、10分で文章の「要点」をつかみましょう。

1. 通読：まず分からない単語は飛ばし、素早く文章を読んで概略を理解し、テーマを明確にしましょう。（3分）

文章の結びは、多くの場合テーマを凝縮した部分となっています。よく理解して記憶し、できるだけ原文の言葉と意味を生かすようにしましょう。

2. 精読：6つの要素（時間・場所・人物・原因・経過・結果）を書き出しましょう。（4分）

時間：**每天晚上八点左右**（毎晩８時ごろ）、**几天后**（数日後）、**后来**（後に）

場所：**大院**（団地）、**垃圾箱旁的大树上**（ゴミ箱の隣にある木）

人物：**老头**（老人）、**门卫**（守衛）、**我**（私）、**大伯**（おじさん）、**其他住户**（その他の住人）、**小王**（王さん）

原因：**老头与门卫争吵**（老人と守衛が言い争った）

経過：**老头来大院捡垃圾**（老人が団地にゴミを拾いにきた）

結果：**老头泪流满面**（老人は満面に涙を流した）

3. 文章の筋道を整理し、テーマと関係のない文を削って、書きながら記憶しましょう。（3分）

老头与门卫争吵（老人と守衛が言い争った）

→**老头捡垃圾，大伯给他水果被拒绝**（老人はゴミを拾い、おじさんが果物をあげようとして断られた）

→**老头再来时，大伯改把东西挂在钉子上，老头取走了**（老人が再びやって来たとき、おじさんは今度は品物を釘にかけ、老人は持っていった）

→**大院的住户都把东西挂在钉子上，门卫不让别人进**（団地の住人はみな品物を釘にかけ、守衛は他の人を入れなかった）

→**老头明白了大家的心意后泪流满面**（老人は人々の心遣いを知って満面に涙を流した）

→**尊严无价**（尊厳は価値の計り知れないものだ）

■参考例文

两颗钉子

每天晚上八点，老头都会来大院里捡破烂。

第一次看到老头时，他正在和门卫争吵。他想进去，可门卫不让。老头觉得自己被门卫怀疑成小偷，非常愤怒。

门卫最后还是让老头进来了。老头每天都来捡垃圾，但绝对不拿垃圾以外的东西。大家后来知道，老头是倒闭的国营工厂的退休工人，和老伴相依为命，老伴的身体不好，为了给老伴治病，他才开始捡垃圾。听说这件事以后，大家都非常同情、理解他。一次，邻居大伯担心他晚上捡不到什么，把一袋子水果给他。老头看了一眼后拒绝了，好几天都没有再来。

几天后，老头又出现在大院里。大伯在老头走后，在垃圾旁的大树上钉了两颗钉子，然后把一些食品、旧书、旧报挂在上面。第二天老头取走了挂在树上的东西，他以为这些也是垃圾。后来，许多住户也都把东西挂在上面。除了老头以外门卫也不让其他捡破烂的进。小王说，有一次老头在取那些食品袋时竟然泪流满面。

尊严无价，无声的呵护比千言万语更让人感动，就像大伯钉在树上的那两颗钉子。

2本の釘

毎晩8時に、老人はいつも団地にくず拾いにやってくる。

初めて老人を見かけたとき、彼はちょうど守衛と言い争っているところだった。老人は中に入りたいのだが、守衛は許さなかった。老人は自分が守衛に泥棒だと疑われていると感じ、ひどく腹を立てていた。

守衛は最後にはやはり老人を中に入れた。老人は毎日ゴミを拾いにやってきたが、ゴミ以外のものは決して持ち去らなかった。人々は後に、老人は倒産した国営工場の退職した労働者であり、連れ合いと寄り添うように暮らしており、妻の体の調子が優れず、治療のためゴミ拾いを始めたということだった。このことを聞いてから、人々はみな彼にとても同情し、理解するようになった。あるとき、隣のおじさんは老人が夜に何も拾えないのではないかと心配して、1袋の果物を渡そうとした。老人はそれを一目見て断り、しばらく再びやってこなかった。

数日後、老人はまた団地に姿を現した。おじさんは老人が帰った後、ゴミ箱の隣にある大木に２本の釘を打ち、それから食品、古本、古新聞を掛けておいた。次の日になると、老人はそれをゴミだと考えて木に掛けられたものを持ち去った。こうして、たくさんの住人たちも品物をその場所に掛けるようになった。その老人以外には、守衛も他のくず拾いの人を入れなかった。王さんによれば、あるとき老人はその食品の袋を手に取るとき、なんと満面に涙を流していたという。

尊厳とは価値の計れないものであり、無言の助けが多くの言葉を費やすよりも人の心を動かすことがある。ちょうど、おじさんが木に打ったあの２本の釘のように。

新出単語

（文章の概要をつかむテクニックが大事です。先に新出単語を調べないように！）

神情	shénqíng	（名）	表情、顔つき
显得	xiǎnde	（動）	いかにも……に見える
格外	géwài	（副）	特に、とりわけ、格別
无理取闹	wúlǐ-qǔnào	（成）	理由なく悶着を起こす、わざと挑発的なことをする
绝对	juéduì	（副）	絶対、必ず、きっと
惊奇	jīngqí	（形）	不思議に思う、怪しく思う、意外に思う
独立	dúlì	（動）	独立
单位	dānwèi	（名）	勤務先、勤め先
维持	wéichí	（動）	維持する
乞丐	qǐgài	（名）	ホームレス
尊严	zūnyán	（名）	尊厳、尊さ
面对	miànduì	（動）	直面する、面する
脆弱	cuìruò	（形）	脆弱

復習と練習

1. 快速阅读下面的文章，列出时间、地点、人物和起因、经过、结果。

一个寒冷的冬夜，一名赶末班车回家的军官被一位妇女拦住。军官有些生气，妇女连忙解释说："我在街头看到一个小男孩，他独自一人在寒风中，脸冻得有些发白。我问他为什么还不回家，他告诉我他在和小伙伴们玩儿战斗游戏。他是被派到街角站岗的，他的指挥官说过，没有接到命令，绝对不能撤离。"

妇女明白，这个时候，这个男孩的小伙伴肯定已经忘记了这件事，他们很可能早已各自回家，躺在热乎乎的被窝里睡熟了。于是，她劝小男孩快点儿回家，免得冻坏了，但执拗的小男孩坚持要接到命令才肯撤离。出于无奈，妇女想请军官帮忙。

军官没说什么，脸上充满了柔和而又肃穆的神情。他迈着军人的步伐走到小男孩面前，敬了一个标准的军礼，报上自己的军衔后，说道："你已经出色地完成了任务。现在，我命令你立刻撤岗回家。"小男孩信服地看了军官一眼，回敬了一个军礼，欢快地向家里跑去。

寒冷寂静的夜空见证了，漫天熠熠闪耀的星斗见证了，在那个寒冷的夜晚，三个陌生人为一个诺言，曾有一刻庄严的相逢。

时间：＿＿＿＿＿＿＿＿＿＿＿＿＿＿＿＿

地点：＿＿＿＿＿＿＿＿＿＿＿＿＿＿＿＿

人物：＿＿＿＿＿＿＿＿＿＿＿＿＿＿＿＿

起因：＿＿＿＿＿＿＿＿＿＿＿＿＿＿＿＿

经过：＿＿＿＿＿＿＿＿＿＿＿＿＿＿＿＿

结果：＿＿＿＿＿＿＿＿＿＿＿＿＿＿＿＿

参考解答と訳：

1. 以下の文章を素早く読んで、時間・場所・人物・原因・経過・結果を書き出しましょう。

時間：一个寒冷的冬夜（ある寒い冬の夜）

場所：在街头（街角で）

人物：一位军官（ある軍人）、一位妇女（ある女性）、一个小男孩（ある男の子）

原因：妇女拦住军官，告诉他一个男孩在街角站岗，说没接到命令不能离开（女性が軍人を引き止め、ある男の子が街角で見張りをしていて、命令を受けるまで離れないと言っていると知らせた）

経過：军官告诉男孩已经完成任务可以回家了（軍人は男の子にもう任務は終わったから家に戻ってよいと知らせた）

結果：男孩接到军官的命令快乐地回家了（男の子は軍人の命令を受けて楽しそうに家に戻った）

ある寒い冬の夜、家に帰る終電に乗ろうと急いでいる１人の軍人が、ある女性に引きとめられた。軍人はいささか腹を立て、女性は慌ててこう言い訳した。「私は街角である男の子を見かけたのですが、その子は１人で冷たい風の中に立って、顔は凍えてなんだか青ざめていました。なぜ家に帰らないのかと尋ねると、友達と戦争ごっこをしていると言うのです。彼は街角に見張りに派遣されていて、命令を受けるまでは決して離れるな、と指揮官が言ったと」

このとき、男の子の友達はきっともうこのことを忘れているだろう、と女性は分かっていた。彼らはとっくに自分の家に戻り、暖かい布団の中でぐっすり眠っているに違いない。そこで、男の子に凍えないよう早く家に帰りなさいと勧めたが、頑固な男の子は命令が来るまで離れないと言い張った。やむなく、女性は軍人に助けを求めようと考えたのだった。

軍人は何も言わず、顔には優しくも厳しくもある表情を浮かべた。彼は軍人の歩き方で男の子のところまで行くと、型どおりの軍隊式の敬礼をして、自分の肩書きを告げるとこう言った。「君はもう任務を立派にやり遂げた。今、持ち場を離れて帰宅することを命じる」男の子は納得したように軍人を見ると、敬礼を返し、楽しげに家の方に駆けていった。

冷たく静かな夜空が見守り、満天にきらきらと輝く星々が見届けたように、その寒い夜、3人の見知らぬ他人どうしが、１つの約束のために真剣な出会いのひとときを過ごしたのである。

2. 列出下面文章的叙述顺序。

扁鹊是春秋时期的一位名医。相传有一天，扁鹊去见蔡桓公。他在蔡桓公身旁站了一会儿，细心观察他，然后说道：“我发现您的皮肤有点小病，应及时治疗，否则病情会加重。”蔡桓公不以为然：“我一点儿病也没有，用不着治疗。”扁鹊走后，蔡桓公毫不在乎地说：“医生总喜欢给没病的人治病，然后把别人健康的身体说成是他医好的。我才不信这一套。”

十天后，扁鹊又去拜见去见蔡桓公。他观察了蔡桓公的脸色之后说：“您的病已经到肌肉里面去了。再不医治，会更严重的。”蔡桓公还是不信他说的话。扁鹊走后，蔡桓公深感不快。

又过了十天，扁鹊第三次去拜见蔡桓公，说道：“您的病已经发展到肠胃中了。如果不赶紧医治，病情将会进一步恶化。”蔡桓公仍不信他，并且对他十分反感。

又隔了十天，扁鹊第四次去拜见蔡桓公。一看到蔡桓公，扁鹊转身就走。这倒把蔡桓公弄糊涂了，心想：怎么这次扁鹊不说我有病呢？蔡桓公特地派人去问扁鹊原因。扁鹊说："一开始蔡桓公的皮肤患病，用汤药清洗是很容易治愈的；接着他的病到了肌肉里面，用针刺就可以治疗；后来他的病又发展到了肠胃，服草药汤剂还有疗效。可是现在他已病入骨髓，再高明的医术也无力回天，能否保住性命只能听天由命了。我如果再说自己精通医道，手到病除，必将招来杀身之祸，所以我不再说话了。"

过了五天，蔡桓公浑身疼痛难忍。他意识到自己情况不妙，立刻派人去找扁鹊，可扁鹊已逃到秦国去了。蔡桓公追悔莫及，在痛苦中挣扎着死去了。

____

→______________________________

→______________________________

→______________________________

→______________________________

→______________________________

参考解答と訳：

2. 以下の文章の叙述の順序を書き出しましょう。

扁鹊见到蔡桓公，观察出他的皮肤有小病（扁鵲は蔡の桓公に会い、観察してその皮膚に軽い病気を見つけた）

→**蔡桓公不相信扁鹊，认为自己很健康**（蔡の桓公は扁鵲を信じず、自分はとても健康だと思った）

→**十天后扁鹊再见蔡桓公，告诉他病已经到肌肉了，需要治疗，蔡桓公不信**（10日後に扁鵲は再び蔡の桓公に会い、その病気はすでに筋肉に達しており、治療が必要だと伝えたが、桓公は信じなかった）

→**又过了十天，扁鹊第三次见到蔡桓公，告诉他病已经到了肠胃，蔡桓公不信，而且很反感他**（さらに10日が過ぎ、扁鵲は3度目に蔡の桓公に会い、その病気がすでに胃腸に達していると伝えたが、桓公は信じず、しかも彼に反感を持った）

→**又隔了十天，扁鹊一见到蔡桓公就跑，他说蔡桓公的病已经无法治疗了**（さらに10日後、扁鵲は蔡の桓公に会うと立ち去り、その病気はもう治療できないと言った）

→**五天后，蔡桓公发现自己病得很严重，可是扁鹊已经逃走了，蔡桓公病死了**（5日後、蔡の桓公は自分がかなり重い病気にかかっていることに気づいたが、扁鵲はもう逃れ去っており、桓公は病で命を落とした）

扁鵲は春秋時代の名医である。伝わるところによればある日、扁鵲は蔡の桓公に会いにいった。彼は蔡の桓公の傍らにしばらく立って、注意深く観察してから、こう言った。「お見受けしたところ、あなた様の肌には軽いご病気があるようです。すぐに治療されるべきです。さもなければご病気が重くなるでしょう」蔡の桓公はそれを認めなかった。「私は何の病気でもない、治療の必要はない」扁鵲が去った後、蔡の桓公はまったく意に介さないでこう言った。「医者とは病気でない者を治すのを好むものだ。そうして、人の健康な体を自分が治したと言うのだ。私はこの手合いは信じない」

10日後、扁鵲は再び蔡の桓公に会いにいった。彼は桓公の顔色を観察してからこう言った。「あなた様のご病気は、すでに筋肉の中に達しています。これ以上治療しなければ、ますます重くなるでしょう」蔡の桓公はそれでも彼の言うことを信じなかった。扁鵲が去った後、桓公はひどく不快に感じた。

さらに10日が過ぎ、扁鵲は3度目に蔡の桓公に会いにいき、こう言った。「あなた様のご病気は、すでに胃腸の中に達しています。もし急いで治療しなければ、病状はさらに悪化するでしょう」蔡の桓公はなお彼を信じず、しかもかなり反感を持った。

さらに10日の後、扁鵲は4度目に蔡の桓公に会いにいった。一目桓公を見ると、扁鵲は身を翻して去った。このため蔡の桓公は困惑し、こう思った。今回はなぜ扁鵲は私が病気だと言わないのだろうか? 桓公はわざわざ人を差し向けて扁鵲に理由を尋ねさせた。扁鵲は言った。「最初に桓公の皮膚が病にかかったとき、薬湯で洗えば容易に治ったのです。次に病が筋肉に達したとき、針で刺せば治療できたのです。後にその病が胃腸に達したとき、薬草の飲み薬を飲めばまだ効果はありました。しかし今、病はすでに骨髄に入り、どんなに優れた医術をもってしても回復のすべはありません。命をとどめることができるか否かは、天命に任せるほかありません。私がどれほど医術に通じていると言って、この手で病を取り除いたとしても、きっと身を滅ぼすことになるでしょうから、私はもう申し上げないことにします」

5日の後、蔡の桓公は耐えがたい全身の痛みに苦しんでいた。自らの容態が危険だと感じ、すぐさま使いの者に扁鵲を呼び行かせたが、扁鵲はすでに秦国に逃れていた。桓公は後悔も間に合わず、苦しみにもがきながら死を迎えた。

3. 缩写（把下面这篇1000字的文章缩写成400字左右的短文）。

德国是个工业化程度很高的国家，说到奔驰、宝马、西门子、博世……没有人不知道。世界上用于核反应堆中最好的核心泵是在德国一个小镇上产生的。在这样一个发达国家，人们的生活一定纸醉金迷、灯红酒绿。

在去德国考察前，我们在描绘着、揣测着这个国家。到达港口城市汉堡的时候，我们先去了餐馆，当地的同事要为我们接风洗尘。

走进餐馆，我们穿过桌多人少的中餐馆大厅，心里觉得很奇怪：这样冷清的场面，饭店能开下去吗？更可笑的是一对正在吃饭的情侣的桌子上，只摆着一个碟子和两罐啤酒，碟子里面只有两种菜，这样简单，是不是会影响他们的甜蜜约会？如果是男人付钱，不是太小气了吗？他不怕女友跑掉？

另外一桌是几位白人老太太在悠闲地用餐，每道菜上桌后，服务生很快给她们分掉，然后被她们吃光。

我们不再过多注意别人，而是盼着自己的大餐快点上来。在德国的同事看到大家饥饿的样子，就多点了些菜，大家也不谦让。

餐馆客人不多，上菜很快，我们的桌子很快被盘子、碟子堆满了，看来，今天我们是这里的贵客了。

一顿狼吞虎咽之后，我们想到还有别的活动，就不再吃桌上的东西，这一顿饭很快就结束了。结果还有三分之一的东西没有吃掉，剩在了桌上。我们结完账，一个个摇摇晃晃地走出了餐馆的大门。

出门没几步，就听见餐馆里有人在叫我们。是谁的东西落下了吗？我们都好奇，回头去看。原来是那几个白人老太太，在和饭店老板大声地说着什么，好像是针对我们的。

看到我们都回来了，老太太改说英文，我们就都能听懂了，她在说我们剩的菜太多，太浪费了。我们觉得好笑，这老太太真是多管闲事！同事阿桂当时立刻站出来和老太太说："我们自己花钱吃饭，剩多少，和你老太太有什么关系？"听到阿桂这样一说，老太太更生气了，其中一个老太太立马掏出手机，拨打着什么电话。

一会儿，一个穿制服的人开车来了，是社会保障机构的工作人员。他问完我们的情况后，这位工作人员居然拿出罚单，开出50欧元的罚款。这下我们都不说话了，阿桂的脸也不知道扭到哪里去好了。我们在德国的同事只好拿出50欧元，并一再说："对不起！"其实，我们这些在德国的同事也是刚到不久，对这里的习俗并不十分了解。

这位工作人员收下欧元，郑重地对我们说："需要吃多少，就点多少！钱是你自己的，但资源是全社会的，世界上有很多人还缺少资源，你们不能够也没有理由浪费！"

我们都脸红了，但我们在心里却都认同这句话。在一个富有的国家，人们还有这种意识，我们得好好反思：我们是个资源不是很丰富的国家，而且人口众多，平时请客吃饭，剩下的总是很多，主人怕客人吃不好丢面子，担心被客人看成小气鬼，就点很多的菜，反正都剩下了，你不会怪我不大方吧。

事实上，我们真的需要改变我们的一些习惯了，并且还要树立"大社会"的意识，再也不能"穷大方"了。那天，在德国的同事把罚单复印后，给我们每人一张作纪念，我们都愿意接受并决心保存着。阿桂说，回去后，他会再复印一些送给别人，自己的一张就贴在家里的墙壁上，时刻用来提醒自己。

参考解答と訳：

3. 要約しましょう（下の 1000 字の文章を 400 字前後の短い文章に要約すること）。

一张罚单

在去德国考察前，我们都猜测德国是个纸醉金迷、灯红酒绿的国家。

到达德国以后，我们去餐馆吃饭，却发现饭店冷冷清清，仅有的几桌人吃的东西也都很简单。

我们点了很多菜，酒足饭饱之后，还有三分之一没有吃掉。结完账，我们刚要走出餐馆大门，就听见有人叫我们。原来是旁边桌的几个老太太。老太太用英文指责我们剩的菜太多，太浪费。同事阿桂辩解说，自己花钱吃饭，剩多少跟老太太无关。老太太们就更生气了，其中一个用手机打了一个电话。不一会儿，社会保障人员就来了，听完情况后居然开出 50 欧元的罚单。在德国的同事只好拿出 50 欧元，向他们道歉。其实，在德国的同事也是刚到不久，并不十分了解这里的风俗。

工作人员收下钱，郑重地对我们说应该需要多少点多少。虽然钱是自己的，但资源是全社会的，我们没有权利浪费。

我们的脸红了，觉得自己真应该改变原来的习惯了。那天，在德国的同事把罚单复印了几份，分给每个人。我们都接受了并决心保存好这张罚单。阿桂说，回去后，他会再复印一些送给别人，自己的一张会贴在家里的墙壁上，时刻提醒自己。

1 枚の罰金切符

ドイツに視察に行く前、私たちはみなドイツは贅沢三昧で、享楽的な国だと想像していた。

到着すると、私たちはレストランへ行ったが、店はひっそりとしていて、テーブルについているわずかな人が食べているのも、みなシンプルなものだった。

私たちは大量の料理を注文し、大いに飲食した後、まだ 3 分の 1 が食べきれずに残っていた。勘定を終え、レストランのエントランスを出ようとした途端に、誰かが呼ぶ声が聞こえた。それは隣のテーブルにいた数人の老婦人たちだった。彼女たちは私たちが残した料理が多すぎる、無駄にしすぎると英語で私たちを責めた。同僚の阿桂（アーグイ）が弁解をして、自分でお金を払って食事したのだから、どれだけ残そうとあなたには関係ないと言った。老婦人たちはますます腹を立てて、そのうちの 1 人が携帯電話で電話をかけた。間もなく社会保障機関の職員がやってきて、事情を聴取すると、なんと 50 ユーロの罰金切符を切った。ドイツの同僚はやむなく 50 ユーロを出し、彼に謝った。実は、ドイツの同僚もやって来たばかりで、現地の習慣をよく知っているわけではなかったのだ。

職員はお金を受け取ると、必要な分だけ注文するべきだと丁重に私たちに言った。自分のお金だとは言っても、資源は社会全体のものであり、私たちには浪費する権利はない、と。

私たちは顔を赤らめ、心からこれまでの習慣を改めるべきだと思った。その日、ドイツの同僚はその罰金切符を数枚コピーし、1 人ずつ渡してくれた。私たちは受け取って、その罰金切符を大切に取っておこうと心に決めた。阿桂は、帰国したらもっとコピーして他の人に渡し、自分の分は家の壁に貼って、いつも気をつけるようにすると言った。

■全訳

ドイツは工業化レベルの非常に高い国で、ベンツ、BMW、シーメンス、ボッシュ……といえば、知らない人はいない。世界で原子炉に使われている最高の炉心用ポンプは、ドイツのある小さな町で生産されている。このような先進国では、人々の生活はきっと贅沢三昧で、享楽的なことだろう。

ドイツに視察に行く前､私たちはこの国のことをそんなふうに心に思い描いて､憶測していた。港湾都市であるハンブルクに到着すると、まずレストランに向かった。現地の同僚が私たちのために歓迎の食事会をしてくれることになっていた。

レストランに入り、たくさんのテーブルにわずかな人しかいないホールを通りながら、いぶかしく思った。こんな閑散とした様子で、店はやっていけるのだろうか？　もっと可笑しかったのは、食事中のカップルのテーブルにあるのは１枚の皿と２本のビールだけ、皿には２種類の料理しかなかったことだ。こんなお粗末なことでは、彼らのロマンチックなデートが台無しではないのか？ もし男性がお金を払うのなら、気前が悪すぎはしないか？ ガールフレンドに振られたらどうしようと思わないのだろうか？

別のテーブルでは数人の白人の老婦人たちがゆっくり食事しているところで、料理がテーブルに運ばれるとホールスタッフがすぐに取り分け、彼女たちは残さず食べていた。

私たちはもう他の人たちにあまり構わず、自分のご馳走が早く来ないかと待ちわびた。ドイツの同僚たちはみんなの空腹そうな様子を見て多めに料理を注文し、私たちも遠慮しなかった。

レストランの客は多くなく、料理はすぐにやって来て、私たちのテーブルは瞬く間に大皿でいっぱいになり、取り皿が積み重ねられた。どうやら今日、私たちはこの店の上客のようだ。

しばらく大いに食べた後、私たちはまだ他に仕事があることを考え、テーブルの上のものを食べなくなり、この食事はすぐに終わった。その結果、まだ３分の１の食べものが余ったまま、テーブルの上に残された。私たちは勘定を済ませ、次々に大手を振ってレストランのエントランスを出た。

外に出ていくらも歩かないうちに、レストランの中の人が私たちを呼んでいるのが聞こえた。誰かが落としものをしたのだろうか？ 私たちはみな気になって、振り返って見に行った。数人の白人の老婦人たちが、レストランのオーナーと大声で何か話していて、どうやら私たちのことを言っているようだった。

私たちが戻って来たのを見ると、老婦人たちは言葉を英語に切り替えたので、私たちはみな理解できた。彼女は、私たちが残した料理が多すぎ、あまりにも無駄だと言っているのだ。この人の言っていることは本当に大きなお世話だ、と滑稽に感じた。そのとき同僚の阿桂がさっと立ち上がって、老婦人にこう言った。「私たちは自分でお金を払って食事したのです。どれだけ残そうが、あなたと何の関係があるんですか？」阿桂がこう言うのを聞いて、老婦人はますます腹を立て、そのうちの１人がすぐに携帯電話を取り出してどこかの番号を押した。

間もなく、１人の制服姿の人物が車でやってきた。それは社会保障機関の職員だった。私たちの事情を聴取すると、なんとその職員は罰金切符を取り出し、50ユーロの罰金を言い渡した。今度は私たちは誰も言葉を失い、阿桂もどこに顔を向けていいやら分からない様子だった。私たちのドイツの同僚はやむなく50ユーロを取り出して、「すみません！」と何度も謝った。実は、私たちのドイツの同僚も現地に来て間もなく、この土地の習慣がよく分かっているわけではなかったのだ。

この職員はユーロを受け取ると、丁重に私たちに言った。「食べる分だけ、注文してください！お金はあなたのものですが、資源は社会全体のものです。世界には資源が行き渡らない人々がまだ非常に多いのです。あなた方は浪費することもできないし、浪費する理由もありません」

私たちはみな赤面したが、心の中では誰もがこの言葉に深く頷いていた。この豊かな国でさえ、人々にはこんな意識があるのだから、よく考えねばならない。私たちの国は資源が豊かとは言えず、しかも人口も多いのに、ふだん客にご馳走するときには決まって大量に余る。主人は客が十分食べられないと面子を失うことを恐れ、相手に気前が悪いと思われないかと心配して、山ほど料理を注文するのにみんな余らせてしまう。自分がケチだなんて言わせない、とばかりに。

実際、私たちはこのような習慣を心から改めるべきだ。さらに「社会全体」という意識を持って、もう「見栄っ張り」はやめるべきだ。その日、ドイツの同僚は罰金切符をコピーして１人ひとりに記念に渡してくれ、私たちも喜んで受け取って残しておこうと決めた。阿桂は、帰国したらもっとコピーして別の人に渡し、自分の１枚は家の壁に貼って、いつも気をつけるようにすると言った。

第3週

週末の振り返りと力だめし

今週は、作文の基本的方法を身につけた基礎のうえに、強化トレーニングを行いました。叙述の方法、テーマの捉え方、ふさわしいタイトルの付け方を学びました。これまでに分かったように、タイトルは文章の「目」です。もしタイトルを文章の内容としっかり結びつけ、同時により特色があり、美しく、注意を引くものにできれば、語る力のある「目」が人間に備わったのと同じことで、読み手の心の琴線に触れます。試験の採点者がこのような美しいタイトルを読めば、きっとますますあなたの文章に注目し、ひいては気に入り、より高い点数を付けることでしょう。では、どんなタイトルなら芸術的効果をもたらすことができるのか、これから見ていきましょう。

知っておこう

(一) すぐれたタイトルの条件

1 ▶ 断新さ：文章のタイトルは読み手をはっとさせ、ありきたりでなく、俗っぽくなく、読み手の関心を引き、考える余地を与えるものにしましょう。このようなタイトルは、一目で思わず文章の内容が知りたくなり、採点者の読んでみたいという興味をかき立てることができます。

2 ▶ 簡潔さ：文章のテーマを語る言葉を練り上げること。決して3文字で十分表現できることを5文字にしてはならないし、8文字で言えることに10文字を費やしてはなりません。このため、タイトルを決めるに当たっては、その言葉を芸術的に練り上げ、簡潔にする必要があります。

(二) タイトルの角度

1 ▶ 人物によるタイトル

有名人の生涯やエピソードを書いた文章では、「ビル・ゲイツ」のようにその名前をタイトルにすれば、いっそう一目瞭然です。また、「私の父」のように人物の属性をタイトルやテーマにすれば、その人物像を印象的に描くことができます。さらに、「運の悪い人」「正直な子供」のように人物の特性をタイトルやテーマにすれば、その人の個性を表現することもできます。

2 ▶ 時間によるタイトル

「飛行機事故に遭ったとき」「初冬の早朝」などのように、描かれている時間をタイトルにすれば、採点者の興味を引くことができます。

3 ▶ 場所によるタイトル

「北京の胡同」「黄山」などのように、描かれている場所をタイトルとします。

4 ▶ 出来事によるタイトル

「ウサギの物語」「娘の秘密」などのように、描かれている出来事をタイトルとして、文章の主な内容を示します。

5 ▶ 文章の着想によるタイトル

「2本の釘」「1枚の罰金切符」などのように、文章の着想をタイトルとして、その本質を突き、テーマを際立たせ、中心的内容を示します。

6 ▶ 修辞的手法によるタイトル

修辞的手法によるタイトルは、読み手の感性に訴え、思索を誘います。「手術台は戦場だ」「父は船、母は帆」のような比喩、「鳥の天国」のような誇張、「真っ赤なナツメ、真っ赤な心」のような対句、「私は牛になったか」「ハムを作るには」のような設問、「彼は本当に馬鹿か」のような反問などです。

7 ▶ 文によるタイトル

「幸福は努力して保つものだ」のように、文章の中で主な内容を概括できる文をタイトルにすると、より斬新です。

練習

缩写 (把下面这篇 1000 字的文章缩写成 400 字左右的短文, 并为文章拟一个题目)。

玛丽失业有几个月了，现在依靠政府的救济金维持生活。她住在美国宾夕法尼亚州的一个小镇，这里风景秀丽，有保护得很好的人文景观。

从华盛顿来的公交车，经过玛丽家的门前，而且在离玛丽家不远的地方，就有一个公交车站。

坐过几次公交车以后，玛丽发现，车厢内有时很拥挤。尤其是老人多的时候，他们动作迟缓，有限的座位往往被年轻人先抢到坐了。玛丽意识到，原来并不是所有的年轻人都有很好的素质。

一天，她突然冒出一个想法：既然有那么多时间，为什么不为老人提供一点帮助呢? 小小的善良，就可以换来老人的乘车方便。

于是，她的做法是，在公交车停靠时，上车占一个座位，等到车厢里有站立的老人时，她便起身让座。

一位叫巴尼的老人，是玛丽的常客。从华盛顿到这个小镇开车大概需要两个多小时，巴尼在华盛顿和这个小镇各有一处房子，每天都会坐上这趟往来于小镇和华盛顿之间的公交车。这是位乐观开朗的老人，每到一个地方，都会带去一片笑声。

玛丽喜欢巴尼，她几乎每次都把所占的座位留给巴尼，她把巴尼幻想成自己去世的父亲。交流的时间一长，她渐渐感觉巴尼有些奇怪，这老人应该是个富豪，可为什么喜欢坐公交车呢?

巴尼的笑声如波浪一样舒展："噢，一个人坐在车里，我会感到孤独，我喜欢在形形色色的人中间。"巴尼是个有钱人，这点很快就得到了证实。不久，他买下了数十条公交线路的运营权，其中也包括从华盛顿到宾夕法尼亚州小镇的这一条。

一年快要过去了，玛丽继续着她的"善举"。可是，接下来的一段时间，巴尼不再出现在车上了，没有了巴尼的车厢，显得冷清，玛丽也感到了失落。

第二年的春天，玛丽收到一大包邮件。正如玛丽冥冥中所想的那样，邮件是巴尼寄来的，邮件包里有厚厚的法律文书、遗嘱和一封信。巴尼在信中说，每一颗善心都应得到奖赏，何况玛丽是想方设法在做着善事。巴尼还说，在半年多的时间里他都没有分一部分遗产给玛丽的想法，他想把所有的钱都捐给慈善机构，只是后来才突然有这种念头，内心很矛盾。而玛丽毫无企图的付出，一次一次感动了他，直至最终让他坚定了自己的想法。巴尼的最后一句话是：孩子，请记住，只有挖到最后一锹，才能见到金子。

玛丽流着泪自言自语，亲爱的巴尼，我虽然需要一笔钱，但是你教给我的道理比一笔钱更重要：幸运不是“偶然”和“意外”，而是一点一点靠近，一步一步抵达。

玛丽了解了巴尼的心愿，就把巴尼赠予的遗产，捐给了慈善机构，一共168万美元。几天后，玛丽接到巴尼律师的来信，原来巴尼临终前告诉律师，当慈善机构接到一笔168万美元捐款的时候，玛丽就继承了巴尼的物流和运输公司以及数十条公交线路——一笔大得令玛丽无法想象的财富。

要約しましょう（以下の1000字の文章を400字前後の短い文章に要約し、タイトルを付けること）。

マリーは失業して数か月になり、今は政府の生活保護で暮らしを立てている。彼女はアメリカのペンシルバニア州で小さな町に住んでおり、この地の風景は美しく、優れた文化的景観が保たれている。

ワシントンから来た路線バスは、マリーの家の前を通り、しかもマリーの家から遠くない場所にはバス停がある。

何度かバスに乗ってみて、時によっては車内がとても混雑することにマリーは気がついた。特に老人が多い場合、彼らの動きは遅く、限られた座席は若い人たちに先に座られてしまいがちだ。どうやら決してマナーが良い若者ばかりではないようだとマリーは思った。

ある日、彼女は急にあるアイデアを思いついた。こんなにたっぷり時間があるのだから、お年寄りのためにちょっとした手助けをしない手があるだろうか？ 小さな善意で、お年寄りがバスに乗るのを便利にすることができる。

そう、彼女のやり方とは、バスが停車したときに乗って座席を1つ確保し、車内にお年寄りが立っていたら、立ち上がって席を譲るというものだ。

バニーという老人がマリーのお得意様だった。ワシントンからこの小さな町までは車でおよそ2時間あまりかかる。バニーはワシントンとこの町に1つずつ家があって、町とワシントンを往復するこの路線バスに毎日乗っている。この楽観的で朗らかな老人は、どこに行くにも笑い声を忘れない。

マリーはバニーのことが好きで、確保した座席をほぼ毎回バニーのためにとっておき、まるで亡くなった父親のように思い描いていた。付き合いが長くなると、彼女はしだいにバニーのことを何だか不思議に思いはじめた。この老人は大金持ちに違いないのに、なぜ好んでバスに乗るのだろうか？

バニーの笑い声は波のように気持ちよい。「ああ、1人で車に乗っているのは淋しいんだよ。いろいろな人の中にいるのが好きなんだ」バニーが資産家であることは、早くも証明された。間もなく彼は数十のバス路線の運営権を買い取り、その中にはワシントンからペンシルバニア州の小さな町に至るこの路線も含まれていた。

もうすぐ1年になろうとするころ、マリーは「人助け」を続けていた。だが、しばらくの間バニーはバスに姿を現さなくなかった。バニーのいない車内は明らかに活気がなく、マリーも気落ちした。

翌年の春、マリーは大きな郵便物を受け取った。もしやと思ったとおり、それはバニーが送ってきたもので、包みの中には分厚い法律文書と遺言書、それに１通の手紙が入っていた。バニーは手紙にこう記していた。どんな善意も報われなくてならない、ましてマリーは工夫を凝らして人助けをしているのだから、と。また、半年あまりの間マリーに遺産の一部を残そうと考えたことはなく、全財産を慈善団体に寄付するつもりだったが、後になって突然このような思いが浮かび、内心ではひどく迷った。だが、マリーの何の企みもない善意の行動は、そのたびごとにバニーの心を動かし、とうとう決心を固めたという。バニーは最後にこう書き記していた。君に、よく覚えておいてほしい。最後の一鍬を入れるまで、黄金は見つからないんだよ。

マリーは涙を流しながら１人でつぶやいた。親愛なるバニーさん、私にはお金が少し必要だけれど、あなたが教えてくれた真実はお金よりもっと大事なことだった。幸運は「偶然」や「サプライズ」ではなく、少しずつやってくるもの、一歩一歩近づいていくものだと。

マリーはバニーの思いを汲み取り、贈られた 168 万ドルの遺産をすべて慈善団体に寄付した。数日後、マリーはバニーの弁護士の手紙を受け取った。なんと、バニーは世を去る前、弁護士にこう告げていたのだ。慈善団体が 168 万ドルの寄付を受け取ったとき、マリーはバニーの物流・交通会社と数十のバス路線——マリーが想像もできないような莫大な財産を受け継ぐ、と。

■参考例文

幸福是最后一锹土

　　玛丽失业了，依靠政府的救济金生活。她家门前不远的地方，有一个公交车站。

　　玛丽坐车时发现，车内有时很拥挤，而一些老人常常坐不到座位。她想为老人提供一点帮助。于是，她就在车来时，上车占一个座位，等到车里有站立的老人时，她就起身让座。在这样让座的过程中，她认识了一位叫巴尼的老人。她很喜欢巴尼，她几乎每次都把座位留给巴尼，并把巴尼幻想成自己去世的父亲。巴尼告诉她，自己是个富翁，坐公交车是因为自己喜欢坐在人群中间。

　　就这样，一年过去了，玛丽一直坚持着。可是，后来巴尼不再出现在车上了，玛丽感到很失落。

　　第二年，玛丽收到巴尼寄来的邮件，这时巴尼已经不在人世了。巴尼在信中说她的行为让他感动，所以决定把本来要捐给慈善机构的一大笔遗产留给她。巴尼的最后一句话是：孩子，请记住，只有挖到最后一锹，才能见到金子。

　　玛丽虽然很需要这笔钱，但是看了巴尼的信以后还是决定把这笔钱全部捐给慈善机构，一共168万美元。几天后，玛丽接到巴尼律师的信，原来巴尼临终前告诉律师，当慈善机构接到一笔168万美元捐款的时候，玛丽就继承了巴尼的公司和几十条公交线路。

幸福は最後の一鍬の土にある

マリーは失業して、政府の生活保護で暮らしを立てている。彼女の家から遠くない場所には、1つのバスの停留所がある。

バスに乗ったとき、時によって車内はとても混み合っていて、いつも席に座れない老人がいることにマリーは気づき、お年寄りのためにちょっとした手助けをしたいと思った。そこで、バスが来たとき乗り込んで座席を1つ確保し、車内に立っている老人がいたら、立ち上がって席を譲った。こうして席を譲るなかで、彼女はバニーという老人と知り合った。マリーはバニーのことが好きで、毎回のように席をバニーのためにとっておき、自分の亡くなった父親のように思い描いていた。バニーは、自分には財産があるが、バスに乗っているのは人々の中にいるのが好きだからだと言った。

こうして1年が過ぎ、マリーはずっと人助けを続けていた。だが、後にバニーは車内に現れなくなり、マリーはとても気落ちしていた。

翌年、マリーはバニーが送ってきた郵便物を受け取った。このときバニーはもうこの世の人ではなかった。手紙の中で、彼はマリーの行動にとても心を動かされたので、もともと慈善団体に寄付するつもりだった莫大な遺産を彼女に残すことに決めたと記していた。バニーは最後にこう書き記していた。君に、よく覚えておいてほしい。最後の一鍬を入れるまで、黄金は見つからないんだよ。

マリーはこのお金をとても必要としていたが、バニーの手紙を読んでから、やはり合計168万ドルの全額を慈善団体に寄付することに決めた。数日後、彼女はバニーの弁護士の手紙を受け取った。なんとバニーは世を去る前、弁護士にこう告げていた。慈善団体が168万ドルの寄付を受け取ったとき、マリーはバニーの会社と数十のバス路線を受け継ぐ、と。

◉ 模範文鑑賞

これまでいくつかの叙述方法を学んできましたが、実際は杓子定規なものではなく、それぞれの中国語力や作文のレベル、何を表現したいかによって、臨機応変に応用できるものです。これまでの実戦問題では、すでに順叙・倒叙・挿叙・補叙という 4 つのよく使われる方法を見てきました。今日は、様々な叙述方法を巧みに使うことで文章にもたらされる美しさを味わってみましょう。

新建的大礼堂里，坐满了人；我们毕业生坐在前八排，我又是坐在最前一排的中间位子上。我的襟上有一朵粉红色的夹竹桃，是临来时妈妈从院子里摘下来给我别上的，她说：“夹竹桃是你爸爸种的，戴着它，就像爸爸看见你上台一样！”

爸爸病倒了，他住在医院里不能来。

我告诉爸爸，行毕业典礼的时候，我会代表全体同学领毕业证书，并且致谢词。我问爸爸，能不能起来，参加我的毕业典礼，爸爸哑着嗓子，拉起我的手笑笑说：“我怎么能够去？”但是我说：“爸爸，你不去，我很害怕。你在台底下，我上台说话就不发慌了。”“不要怕，没有爸爸，你更要自己管自己，你已经大了，是不是？”“是。”我虽然这么答应了，但是觉得爸爸讲的话使我很不舒服。

爸爸是多么喜欢花啊！

他每天下班回来，我们在门口等他，他回

家来的第一件事就是浇花。那时太阳快要下山了，院子里吹着凉爽的风，爸爸摘一朵茉莉插到妹妹的头发上……

我为什么总想到这些呢？韩主任已经上台了。他很正经地说："各位同学都毕业了，就要离开上了六年的小学到中学去读书了，做了中学生就不是小孩子了，当你们回到小学来看老师的时候，我看你们都长高了，长大了，一定会很高兴。"

于是我唱了五年《骊歌》，现在轮到同学们唱歌给我们送别："长亭外，古道边，芳草碧连天。问君此去几时来，来时莫徘徊！天之涯，地之角，知交半零落，人生难得是欢聚，惟有别离多……"

我哭了，我们毕业生都哭了。我们是多么喜欢长高了变成大人，但又是多么怕呢！当我们回到小学来的时候，无论长得多么高，多么大，老师们永远拿我们当孩子！

做大人，常常有人要我做大人。爸爸也不拿我当孩子了，他说："英子，去把这些钱寄给在日本读书的陈叔叔。""爸爸！""不要怕，英子，你要学做许多事，将来好帮着你妈妈。你最大。"

于是他数了钱，告诉我怎样去寄这笔钱。

我虽然很害怕，但是也得硬着头皮去——这是爸爸说的，无论什么困难的事，只要硬着头皮去做，就闯过去了。

快回家去！快回家去！我拿着刚发下来的小学毕业文凭——红丝带子系着的白纸筒，催着自己。我好像怕赶不上什么事情似的，为什么呀？

进了家门，静悄悄的。四个妹妹和两个弟弟都坐在院子里的小板凳上，他们在玩沙土，旁边的夹竹桃不知什么时候垂下了好几枝子，散散落落的很不像样，这是因为爸爸今年没有收拾它们——修剪、捆扎和施肥。石榴树大盆底下也有几粒没有长成的小石榴，我很生气，问妹妹们："是谁把爸爸的石榴摘下来的？我要告诉爸爸去！"妹妹们惊奇地睁大了眼，她们摇摇头说："是它们自己掉下来的。"

我捡起小青石榴。老高从外面进来了，他说："大小姐，别说什么告诉你爸爸了，你妈妈刚从医院来了电话，叫你赶快去，你爸爸已经……"他为什么不说下去了？我忽然着急起来，大声喊着说："你说什么？老高。""大小姐到了医院，好好儿劝劝你妈，这里就数你大了，就数你大了！"

是的，这里就数我大了，我是小小的大人

了。我对老高说：“老高，我知道是什么事了，我这就去医院。”我从来没有过这样的镇定，这样的安静。

我把小学毕业文凭放到书桌的抽屉里，再出来，老高已经替我雇好了到医院的车子。走过院子，看那垂落的夹竹桃，我默念着：

爸爸的花儿落了。

我已不再是小孩子。

注：文章节选自中国台湾作家林海音的《爸爸的花儿落了》，有改动。

新しくできた講堂には、人があふれている。私たち卒業生は前の８列に並び、私も最前列の真ん中の席に座っている。私の襟もとにはピンクの夾竹桃が飾られている。出がけに母さんが庭で摘んで私に着けてくれたものだ。母さんはこう言った。「夾竹桃は父さんが植えたのよ。胸につけたら、あなたが演台に上がるのを父さんが見ているみたいね！」

父さんは病気で倒れて入院中で、ここに来ることはできない。

私は父さんに、卒業式のとき自分が同級生を代表して卒業証書を受け取り、しかも答辞を述べるのだと伝えた。私の卒業式に来られるかどうか聞くと、父さんはかすれた声で、私の手をとって笑いながら答えた。「行けるわけがないだろう？」私はそれでも言った。「父さん、来てくれないと怖いの。父さんが演台の下にいてくれたら、台に上がっても慌てずに話せるのよ」「怖がるんじゃないよ。父さんがいなくなったら、なおさら自分のことは自分でしなくちゃ。もう大きくなったんだろう？」「うん」こう答えたものの、父さんの言葉で私はきまりが悪くなった。

父さんは、どんなに花が好きだったことだろう！

父さんが毎日仕事から戻るとき、私たちは家の入り口で待っていた。父さんが帰宅して最初にするのは、花の水やりだった。その時間には、太陽は山に沈もうとし、庭には爽やかな風が吹いていた。父さんは一輪のジャスミンの花を摘み取って、妹の髪に挿してやったっけ……。

なぜこんなことを思い出したのだろう？ 韓主任はもう演台に上がって、いかにも真面目な調子でこう話している。「みなさんはもう卒業して、間もなく６年間の小学校生活を終え、中学校へ進学しようとしています。中学生になればもう子供ではありません。みなさんがまた先生に会いにこの学校へ来てくれるとき、すっかり背が伸びて大きくなっていたら、きっと嬉しいことでしょうね」

そして、私は「別れの歌」を5年歌ってきたけれど、今は在校生たちが私たちへの送別として歌ってくれている。「町はずれの古びた道に、青々とした草が空まで続く。ここを去る君はいつ戻るのか、そのときはどうか迷わないで。天の涯てや大地のどこかに、友は半ば消えてしまった。共に過ごすときは人生に得がたく、ただ別れだけが多い……」

私は涙があふれ、卒業生たちはみな泣いていた。誰も背が伸びて大人になることをどんなに喜んでいるか分からないのに、それはどれほど恐ろしいことだろう！ 私たちが小学校に戻ってくるとき、どれほど背が伸びて大きくなっていようとも、先生たちはずっと私たちを子供のように思ってくださるのだ！

大人になれ、といつも誰かが私に言う。父さんも私を子供扱いしなくなり、こう言った。「英子、このお金を日本で勉強しているおじさんに送金してほしい」「父さん！」「怖がらなくていい、英子、お前はいろいろなことを学ばなくちゃ、これからよく母さんを助けてくれ。お前がいちばん大きいんだから」

そして父さんはお金を数え、送金の方法を教えてくれた。私はとても怖かったけれど、思い切ってやらなくてはならなかった——父さんが言うように、どんなに難しいことでも、思い切ってやりさえすれば、何とかなるのだ。

早く帰ろう！ 早く家に帰ろう！ 私はもらったばかりの小学校の卒業証書——赤いリボンが結ばれた白い紙の筒を手にして、自分を急きたてた。何かに間に合わないような気がする、どうしてだろう？

家に入ると、ひっそりとしていた。4人の妹と2人の弟たちは、みんなで庭の腰掛けに座って砂遊びをしていた。傍らの夾竹桃の枝がいつのまにか何本も垂れ下がり、あちこちに花が散っていて見栄えが悪かった。これは父さんが今年は手入れを——剪定したり枝をまとめたり、肥料をやったりしなかったからだ。大きなザクロの木の根元には、熟していない小さなザクロがいくつか落ちていた。私は腹立たしくなって妹たちを問い詰めた。「誰が父さんのザクロを摘んだの？ 父さんに言いつけるから！」妹たちはびっくりしたように目を見開き、首を振って「勝手に落ちたのよ」と言った。

私は青いザクロを拾いあげた。高さんが外から入ってきてこう言った。「大きいお姉ちゃん、お父さんに言いつけるなんて言わないで。さっきお母さんが病院から電話してきて、あなたにすぐに来てほしいそうだよ。お父さんはもう……」どうしてその先を言わないのだろう？ 私はふと不安になって、大きな声で言った。「どういうこと？ 高さん」「大きいお姉ちゃん、病院に着いたら、お母さんをしっかり励まして。ここではあなたは大人と同じ、大人と同じなんだから！」

そう、ここでは私は大人と同じ、私は小さな大人なのだ。私は高さんにこう言った。「高さん、何があったのか分かりました。すぐ病院に行きます」今までこんなに冷静に、落ち着いていたことはなかった。

私は小学校の卒業証書を机の引き出しに入れてから、再び家を出た。高さんはもう病院へ行く車を呼んでくれていた。庭を横切るとき、あの垂れ下がった夾竹桃を見て、私は心の中でつぶやいた。
　父さんの花が散った。
　私はもう子供じゃない。
注：台湾の作家・林海音の《爸爸的花儿落了》より抜粋、改編。

■講評

　これは小説から抜粋したもので、大きな父の愛を描いた文章です。「父親」という人物像を描き出すと同時に「成長の実感」を表現した文章でもあります。この文章には「花を愛した父親」と「主人公の卒業式」という２本の軸があります。「倒叙」の手法で始まり、文中ではさらに「挿叙」の方法で「回想」の内容を巧みに引き出しています。さらに末尾では「補叙」によって物語の結末と筆者の思いを描いています。複数の叙述手法を用いた典型的な文章であり、それらの手法を巧みに活用し、読む人に生き生きとした感動を与えます。

新出単語リスト

【B】

疤	bā	（名）	165
摆	bǎi	（動）	30
棒	bàng	（形）	44
伴侣	bànlǚ	（名）	179
斑纹	bānwén	（名）	88
保存	bǎocún	（動）	30
报告	bàogào	（名）	151
报销	bàoxiāo	（動）	151
倍感	bèigǎn	（動）	100
被子	bèizi	（名）	22
本科	běnkē	（名）	150
本名	běnmíng	（名）	100
表明	biǎomíng	（動）	49
表情	biǎoqíng	（名）	22
毕竟	bìjìng	（副）	138
博物馆	bówùguǎn	（名）	37
脖子	bózi	（名）	22
不禁	bùjīn	（副）	77
不如	bùrú	（動）	138
布置	bùzhì	（動）	151

【C】

财务	cáiwù	（名）	151
餐具	cānjù	（名）	100
参考	cānkǎo	（動）	179
灿烂	cànlàn	（形）	77
曾经	céngjīng	（副）	30
拆	chāi	（動）	138
倡议	chàngyì	（動）	49
超级	chāojí	（形）	165
诧异	chàyì	（形）	165
彻底	chèdǐ	（形）	113
成员	chéngyuán	（名）	70
称赞	chēngzàn	（動）	30
沉思	chénsī	（動）	88
翅膀	chìbǎng	（名）	165
充满	chōngmǎn	（動）	22
串	chuàn	（量）	22
传说	chuánshuō	（名）	165
处理	chǔlǐ	（動）	151
出色	chūsè	（形）	37
出神	chūshén	（動）	88
辞职	cízhí	（動）	150
脆弱	cuìruò	（形）	195

【D】

打招呼	dǎ zhāohu		44
贷款	dàikuǎn	（動）	22
带领	dàilǐng	（動）	37
打量	dǎliang	（動）	88
担任	dānrèn	（動）	151
单位	dānwèi	（名）	195
到达	dàodá	（動）	179
道理	dàolǐ	（名）	138
导致	dǎozhì	（動）	49
典礼	diǎnlǐ	（名）	179
雕塑	diāosù	（名）	88

地道	dìdao	（形）	22
栋	dòng	（量）	37
独立	dúlì	（動）	195

【E】

二氧化碳	èryǎnghuàtàn	（名）	49

【F】

仿佛	fǎngfú	（副）	37
发票	fāpiào	（名）	151
飞翔	fēixiáng	（動）	77
费用	fèiyòng	（名）	151
奉献	fèngxiàn	（動）	44
分配	fēnpèi	（動）	37
副	fù	（量）	88

【G】

感激	gǎnjī	（動）	165
胳膊	gēbo	（名）	88
跟随	gēnsuí	（動）	113
格外	géwài	（副）	195
功课	gōngkè	（名）	151
贡献	gòngxiàn	（名）	179
功效	gōngxiào	（名）	179
沟通	gōutōng	（動）	151
冠军	guànjūn	（名）	165
古董	gǔdǒng	（名）	30
规律	guīlǜ	（名）	151

【H】

痕迹	hénjì	（名）	165
合影	héyǐng	（名）	22
哄	hǒng	（動）	70
轰轰烈烈	hōnghōng-lièliè	（形）	100
蝴蝶	húdié	（名）	88
挥舞	huīwǔ	（動）	100
互联网	hùliánwǎng	（名）	77
混合	hùnhé	（動）	179
婚宴	hūnyàn	（名）	100
呼吸	hūxī	（動）	88

【J】

捡	jiǎn	（動）	30
坚决	jiānjué	（形）	179
建立	jiànlì	（動）	138
简直	jiǎnzhí	（副）	138
交换	jiāohuàn	（動）	44
角落	jiǎoluò	（名）	165
驾驶	jiàshǐ	（動）	22
疾病	jíbìng	（名）	179
嫉妒	jídù	（動）	113
结论	jiélùn	（名）	179
记录	jìlù	（名）（動）	151
惊動	jīngdòng	（動）	88
精力	jīnglì	（名）	151
惊奇	jīngqí	（形）	195
景色	jǐngsè	（名）	22
惊讶	jīngyà	（形）	179
经营	jīngyíng	（動）	151
肌肉	jīròu	（名）	165
酒席	jiǔxí	（名）	100
机械师	jīxièshī	（名）	100
举杯	jǔbēi	（動）	100
绝对	juéduì	（副）	195
绝望	juéwàng	（動）	179

盛开	shèngkāi	（動）	30
神秘	shénmì	（形）	88
神情	shénqíng	（名）	195
事先	shìxiān	（名）	113
实验	shíyàn	（名）	30
事业	shìyè	（名）	44
手术	shǒushù	（名）	165
手舞足蹈	shǒuwǔ-zúdǎo	（成）	100
手语	shǒuyǔ	（名）	100
数额	shù'é	（名）	151
数据	shùjù	（名）	151
说不定	shuōbudìng		113
似乎	sìhū	（副）	138
思考	sīkǎo	（動）	22
思索	sīsuǒ	（動）	88
所	suǒ	（量）	30

【T】

探索	tànsuǒ	（動）	179
同胞	tóngbāo	（名）	179
统计	tǒngjì	（名）	151
退休	tuìxiū	（動）	44

【W】

网恋	wǎngliàn	（名）	100
维持	wéichí	（動）	195
伟大	wěidà	（形）	179
卫生间	wèishēngjiān	（名）	22
威胁	wēixié	（動）	49
温暖	wēnnuǎn	（形）	22
舞蹈	wǔdǎo	（名）	44
误解	wùjiě	（名）	138
无理取闹	wúlǐ-qǔnào	（成）	195
无声	wúshēng	（形）	100
无数	wúshù	（形）	70

【X】

显得	xiǎnde	（動）	195
相处	xiāngchǔ	（動）	150
相隔	xiānggé	（動）	100
项链	xiàngliàn	（名）	22
享受	xiǎngshòu	（動）	113
现金	xiànjīn	（名）	151
掀起	xiānqǐ	（動）	88
陷入	xiànrù	（動）	179
消费	xiāofèi	（動）	151
小偷	xiǎotōu	（名）	30
小心翼翼	xiǎoxīn-yìyì	（成）	30
歇	xiē	（動）	88
协调	xiétiáo	（動）	150
心地	xīndì	（名）	100
行動	xíngdòng	（名）	49
欣赏	xīnshǎng	（動）	22
薪水	xīnshuǐ	（名）	138
心疼	xīnténg	（動）	165
信息	xìnxī	（名）	151
新颖	xīnyǐng	（形）	179
旬	xún	（名）	100

【Y】

痒	yǎng	（形）	165
延伸	yánshēn	（動）	165
眼神	yǎnshén	（名）	88
严肃	yánsù	（形）	22

厌恶	yànwù	（動）	165
验证	yànzhèng	（動）	88
咬	yǎo	（動）	30
业务	yèwù	（名）	151
以及	yǐjí	（連）	150
一见钟情	yíjiàn-zhōngqíng	（成）	100
迎接	yíngjiē	（動）	70
营养	yíngyǎng	（名）	22
意义	yìyì	（名）	151
悠久	yōujiǔ	（形）	77
犹豫	yóuyù	（動）	88
运气	yùnqì	（名）	179
预算	yùsuàn	（名）	151

【Z】

赞叹	zàntàn	（動）	165
遭遇	zāoyù	（名）	179
责怪	zéguài	（動）	88
增添	zēngtiān	（動）	70
涨	zhàng	（動）	113
占领	zhànlǐng	（動）	113
整个	zhěnggè	（形）	151
证实	zhèngshí	（動）	179
郑重	zhèngzhòng	（形）	138
珍珠	zhēnzhū	（名）	22
制服	zhìfú	（名）	37
治理	zhìlǐ	（動）	113
只身	zhīshēn	（名）	100
追寻	zhuīxún	（動）	100
助理	zhùlǐ	（名）	151
注视	zhùshì	（動）	179
自卑	zìbēi	（形）	165
尊敬	zūnjìng	（動）	44
尊严	zūnyán	（名）	195

■翻訳：船山明音

■中文校正協力：二瓶里美

HSK6級作文問題 最短制覇

2021年9月20日　第1刷発行

著　者　鄭 麗傑、劉 悦
発行者　前田俊秀
発行所　株式会社 三修社
〒150-0001　東京都渋谷区神宮前2-2-22
TEL03-3405-4511
FAX03-3405-4522
https://www.sanshusha.co.jp
振替 00190-9-72758
編集担当　安田美佳子
印刷・製本　壮光舎印刷株式会社

ISBN978-4-384-06012-6 C2087

カバー・本文デザイン：株式会社エヌ・オフィス